「中国製造2025」の衝撃

習近平はいま何を目論んでいるのか

Made in China 2025

Homare Endo

遠藤誉

PHP

まえがき――米中貿易戦争の根幹は「中国製造2025」

中国は2015年5月に「中国製造（メイド・イン・チャイナ）2025」（以下〔2025〕《ニーゼロニーゴー》）という国家戦略を発布し、2025年までにハイテク製品のキー・パーツ（コアとなる構成部品、主として半導体）の70％を「メイド・イン・チャイナ」にして自給自足すると宣言した。同時に有人宇宙飛行や月面探査プロジェクトなどを推進し、完成に近づけることも盛り込まれている。

アメリカや日本を中心として運営されている国際宇宙ステーションは、2024年あたりに使用期限切れとなることを見込んで、中国が中国独自の宇宙ステーションを2022年までには正常稼動できるようにする国家戦略が〔2025〕に潜んでいるのである。

トランプ政権は2018年3月以来、米中の貿易不均衡と知的財産権侵害などを理由に中国からの輸入品に高関税をかけ、中国も報復関税で応酬するなどして米中貿易摩擦を生んでいるが、トランプが怖れているのは、〔2025〕により中国がアメリカを追い抜くことである。

一つには、ハイテク分野において半導体などに関するコア技術さえあれば、それはスマホやパソコンといった日常のハイテク製品のみならず、軍事にも宇宙開発にも応用することができるからだ。

現在の中国の対米輸出は、アメリカの対中輸出を遥かに超えており、大きな貿易不均衡があるのは確かだ。しかし、〔2025〕発布前までは中国のハイテク製品対米輸出の約90%は輸入したキー・パーツの組み立て製品に過ぎず、輸入先はアメリカ、日本、韓国、台湾などであった。中国は一部分しかコア技術を持っておらず、中国は「組み立てプラットホーム」の域を出ていなかったのである。

この現実に関して中国の世論が激しく動き始めたのは、実は2012年9月の尖閣《せんかく》諸島国有化がきっかけだった。日本人にとっては意外な因果関係かもしれないが、激しい反日デモが起きる中、「日本製品不買運動」が起きたことは、まだ記憶に新しい。あのとき、「日本製品不買運動」を呼び掛けるスマホやパソコンなどのキー・パーツの多くは日本製だった。つまり、スマホ自身は中国で作るから外側には「メイド・イン・チャイナ」と書いてあるが、その中を開けると、そこには日本製の半導体キー・パーツが詰まっていたのである。

もちろんキー・パーツにはアメリカ製や韓国製などもあったのだが、何しろ「日本製品」の不買運動を叫んで大暴れしていたわけだから、自ずと「にっくき日本」に目がいくわけだ。そのことをネットユーザーが指摘し始め、一瞬で拡散していった。

結果、デモに参加した若者たちは、「このスマホ、メイド・イン・チャイナなの？　それともメイド・イン・ジャパン？」「で？　日本製品不買なら、スマホ捨てるの？」と自嘲しながら、最後は不満の矛先を、半導体を生産する技術も持っていないような中国政府に向けていったのである。

だから、２０１２年11月に開催された中国共産党第18回全国代表大会（党大会）で、中国共産党中央委員会（中共中央）総書記に選ばれた習近平《しゅうきんぺい》は、中国人民、特に若者への監視体制を徹底させ、反日デモが起きないようにネット言論を厳しく抑え込み始めた。反日デモが起きれば、必ず日本製品不買運動が起き、そして「ハイテク製品は〝メイド・イン・チャイナ〟なのか、それとも〝メイド・イン・ジャパン〟なのか」という議論が再び持ち上がるからだ。このスローガンを掲げて反政府運動が起きたら、一党支配体制は危機にさらされる。

そこで習近平は２０１３年が明けるとすぐに、中国アカデミーの一つである中国工程院に命じて「製造強国戦略研究」に着手させ、２０１５年の〔２０２５〕発表に至ったわけである。

と同時に「中華民族の偉大なる復興」を実現する「中国の夢」を政権スローガンとした。

これは１８４０年のアヘン戦争以来、中国が列強諸国の植民地となった屈辱から抜け出して、アヘン戦争前の中華民族の偉大なる繁栄を復興させようというものだが、習近平政権誕生前夜の反日デモを考えると、その心には「再び日本からの屈辱を受けてはならない」という要素が大きなパーセンテージを占めていただろうことは十分に推測される。

ところが、２０１７年1月にトランプ政権が誕生すると、事態は一変してしまった。

「アメリカ・ファースト」を掲げたトランプ大統領は、２０１７年末あたりから対中強硬策に出始め、米中貿易戦争を通して、なんと〔２０２５〕を阻止し始めたではないか。

アメリカにとっては、〔２０２５〕が成功すれば、アメリカは世界のトップリーダーの地位から転落する危険性を持つ。だからトランプは宇宙軍の創設を提案しているくらいだ。

習近平にしてみれば、「反日」を軸として中国共産党統治の正当性を強調して一党支配体制を維持しようというもくろみと、反日デモを起こさせてはならないという相矛盾する葛藤の中で、一刻も早く〈2025〉を完遂しようと焦っていた。永遠の後進国から抜け出し、「量よりも質」で勝負できる国にならなければ、「中華民族の偉大なる復興」を目指す「中国の夢」は実現できない。それを実現するまでは退けない。だから習近平は2018年3月に国家主席の任期制限を撤廃して、せめて〈2025〉はやり遂げようとしていたのである。

しかし中国は今、トランプが仕掛けてきた米中貿易戦争は〈2025〉を破壊させるためであり、中国の特色ある社会主義国家を崩壊へと導くためであると解釈するに至っている。だから一歩も引かない。〈2025〉はトランプの攻撃により、今や社会主義体制を維持できるか否かのデッドラインと化してしまったのだ。

では、中国は〈2025〉をどのようにして達成しようとしているのだろうか？

もちろんアメリカが指摘するように知的財産権の侵害や企業買収などによって不当に技術を獲得している（ペンス副大統領の言葉を借りれば「窃盗」している）側面は否定できない。しかし見逃してならないのは、中国政府による「人材の獲得」である。アメリカにいた元中国人留学生が「技術を携えて帰国する」場合もあれば、新しく中国内で育ち始めた人材もいる。

中国は、1996年の第九次五カ年計画から全世界で活躍する中国人元留学生（留学人員）と中央政府を結びつけて、「中国全球人材信息網（Global China Talents Network）」という、地球を覆う巨大な人材ネットワークを形成している。特にアメリカのシリコンバレーにいる中国人元博士たちで、大企業に就職したり自ら起業したりして、重要なコア技術を持っている者を呼び寄せて中国各地に「留学人員創業パーク」を創っていた。当時は中国がＷＴＯ（世界貿易機関）に加盟するための準備をしていたのである。

胡錦濤《こきんとう》政権時代（中共中央総書記としては２００２～２０１２年、国家主席としては２００３～２０１３年）に入ると、２００８年からは「千人計画」、２０１２年からは「万人計画」を立ち上げて、外国人を含めた世界トップ人材のヘッドハンティングを始めている。この計画は次世代を担う若き研究者たちを養成するために、大学や研究所に世界のトップ頭脳を派遣するのが主たる目的だ。人材資源の持続性を狙っている。

その意味では〔２０２５〕は、90年代から始まっていたと言っていい。それがなぜ２０１５年５月まで待たなければならなかったのかに関しては、中国内政の複雑な事情があるので、本文の中で解説したい。

ただ注目すべきは、帰国留学人員の数は、改革開放以来の累計が２０１７年度統計で３１３万２０００人であるのに対して、第18回党大会（２０１２年11月）以降に帰国した留学人員の数は２３１万３６００人に達するという事実だ。２０１８年は改革開放40周年になるが、習近平政権になってから帰国した留学人員の数が、40年間のうちの73・87％を占めていることから、いかに習近平がコア技術を緊急に高めようとしているか、その緊迫性がうかがえる。

事実、半導体市場調査会社 IC Insights（米）が２０１８年２月25日に発表した統計によると、２００９年の時点では、ファブレス半導体企業の世界トップ50に１社だけしか入ってなかった中国が、２０１６年になると11社にまで増え、しかも２０１７年にはトップ10に2社も入っている。２０１８年には華為《ホアーウェイ》（Hua-wei）傘下の半導体メーカー海思《ハイスー》（HiSilicon、以下、ハイシリコン）社が、Appleに次ぐ世界第2位に躍り出た。ハイシリコンは世界で最も速い通信用チップを世界で最初に創り出し、関連業界に衝撃を与えている。

習近平が２０１３年に〔２０２５〕を思いついてから、まだ5年しかたっていない。したがって残念ながら中国が〔２０２５〕を実現できる可能性というのは、相当に高いと言わねばなるまい。

トランプが警戒する二つ目の、中国の宇宙計画は、さらに大きな脅威をアメリカに与えることになる。

中国は２００９年に「宇宙計画２０５０」なるものを発布したが、２０１６年に発布した宇宙計画白書では、〔２０２５〕と歩調を合わせて、２０２２年までに中国独自の宇宙ステーションを正常に稼動し始めるとしている。習近平政権が唱える「一帯一路」巨大経済構想に参加する発展途上国に対しては、資金や技術が十分でない場合、中国がその国に代わって、当該国の人工衛星を打ち上げ、保全してあげるという計画が、その白書には入っている。また〔２０２５〕と同時に発表した「２０１５中国国防白書」は「軍民融合」を強く提唱しているが、そこには意表をつく「宇宙制覇」への恐るべき戦略が静かに潜んでいる。こうして宇宙スペースにおいて先に「唾をつけて」、宇宙の実効支配スペースを広げていこうという野望を習近平は描いているのだ。

これに対してトランプ大統領は２０１７年12月、「宇宙政策大統領令」を発令して対抗している。

一方、トランプが「一国主義」を掲げているのを、むしろ幸いなことと位置付けて、習近平は「多国間貿易」を主張し、「人類運命共同体」をスローガンにして新興国を中心に連携を強めている。その象徴が「一帯一路」であり、「ＢＲＩＣＳ＋」（ブリックス・プラス）であり、「中国アフリカ協力フォーラム」だ。ＢＲＩＣＳだけでも人類の40％を超える人口を抱えているのに、「＋」ではさらに22カ国が参加し、アフリカは1カ国を除く53カ国が参加している。

２０１４年4月に習近平は、中国人民解放軍の空軍に対して「空天一体化」を指示し、「強軍の夢」を語った。「天」は中国語では「宇宙」を指す。「一帯一路」は、今や「空天」をつないで「一帯一路一空一天」へと発展しつつあり、それを支えるのは、〈２０２５〉とそれに伴う中国宇宙計画である。中国は、すでに解読不可能な「量子暗号」を搭載した人工衛星の打ち上げに成功している。「暗号を制する者が世界を制する」という目標に向かって、まっしぐらに突き進んでいる。それを支えているのは、30代や40代の若き研究者たちだ。国際宇宙ステーションの有人飛行を担うロシアのスプートニクが２０１８年10月に打ち上げに失敗したのは、宇宙飛行士が高齢だったからとのこと。

いま日本では「習近平一強」を語るに当たり、権力闘争ばかりに焦点を当てたがる傾向にあるが、そのような、日本人の耳目《じもく》に心地よい迎合型分析をしていると、これら一連の国家戦略が見えてこない。それは日本の国益を損ねる。

その意味では、トランプに感謝すべきだろう。彼が米中貿易戦争を仕掛けてくれたことにより、〔2025〕が持つ重要性に焦点を当ててくれたのだし、中国の戦略をあばいてくれたのだから。日本人が事実とかけ離れた権力闘争物語を面白がっている内に、中国はハイテク産業のコア技術で日本を追い抜き、宇宙を支配してしまうかもしれない。

言論弾圧の国がハイテクと宇宙により世界を制覇したら、どのような明日が待っているか、誰の目にも明らかだ。日米の安全保障をも脅かす。それでも日本は、中国の真相と習近平の真の狙いが見えないようになる方向に国民を牽引し、中国に喜んで協力することにより、中国の夢の実現に手を貸そうというのだろうか。

本書では、オバマ元大統領は気付かず、トランプの警告によって明らかになった〔2025〕を、人材と半導体および宇宙に焦点を当てながら分析し、中国の実態と野望を明らかにする。米中貿易戦争自体に関しては変数が大きいので追いかけない。

「中国製造２０２５」の衝撃

目次

第二章　世界トップに躍り出た中国半導体メーカー

第三章　人材の坩堝《るつぼ》に沸く中国

第四章　習近平の「宇宙支配」戦略

第五章 習近平、世界制覇へのロードマップ

三、トランプとの戦い、日本への接近　262

装丁：遠藤拓人（エーテルラボ）

第一章

「中国製造2025」国家戦略を読み解く

一、〔2025〕が生まれた社会背景に反日デモ

2012年12月4日、中国共産主義青年団(共青団)の中央機関紙である「中国青年報」が、「没有核心『零部件』撬不動整個高科技(核心的〝キー・パーツ〟がなかったら、ハイテク全体を突き動かすことができない)」というタイトルの長い論評を掲載した。「零部件」というのは「部品」のこと。サブタイトルには「コア技術が立ち遅れていれば、ハイテク製造業の競争力も劣勢となるだけでなく、基礎研究の足をも引っ張る」とある。

記事のきっかけとなったのが、9月に爆発した反日デモだ。

2012年9月10日に日本政府が尖閣《せんかく》諸島を民間から買い上げ、国有化することが閣議決定されたのを受けて、中国の各地では反日デモが繰り広げられた9月15日の土曜日に入ると、デモは日中国交正常化以降、最大規模と言われるまでに膨れ上がった。日系企業の工場や日系自動車会社の販売店などが徹底的に破壊された後に放火されただけでなく、日系スーパーやコンビニは暴力的な略奪行為にさらされ、中国人が経営する日本料理店や路上を走行中の車も、それが日本車であれば運転手が中国人であっても身動きが取れないほどの大衆に囲まれて暴行を受け、被害が拡大した。

もっとも、このデモの特徴は、「毛沢東《もうたくとう》」の肖像画を掲げる者が多かったことである。毛沢東像には、二つの意味があった。

一つは、「毛沢東時代は貧乏だったが、平等だった」という、現在の中国政府への不満を表す手段である。デモに参加しているのは、農村から都会に働きに出てきた「農民工」や都会にいても貧富の格差にあえいでいる者が多かった。だから「毛沢東時代は良かった」として、経済格差を生んだ現政権への不満を主張したわけだ。

本来なら、「政府転覆罪」などで逮捕されるところだが、今は何といっても「反日デモ」をやっているのだ。中国政府は江沢民《こうたくみん》時代の１９９４年以来、愛国主義教育を実施し、１９９５年からは反日教育を強化している。

おまけに毛沢東は建国の父だ。中国共産党政権を中国に打ち立てた人物である。その肖像画を掲げて何が悪い。何なら「中国共産党万歳！」と叫びながら毛沢東像を掲げ、反政府運動をすることも可能なのである。その意味で「毛沢東」は護身のための守り札の役割を果たした。政府は手を出せない。事実、若者たちは「愛国無罪！」とも叫びながら乱暴狼藉の限りを尽くした。

毛沢東像を掲げるもう一つの意味は、「薄熙来《はくきらい》万歳！」と叫んでいるのである。

重慶市（中国共産党委員会）書記だった薄熙来は、中共中央のトップ指導層であった「チャイナ・ナイン」に入りたいと渇望していた。「チャイナ・ナイン」とは、胡錦濤《こきんとう》政権時代の「中共中央政治局常務委員会委員９人」に対して私が付けた名称である。正確には私ではなく、息子が思いついた名前だ。「常務委員９人にはそれぞれ役割があり、それを分担して国を動かしている」と私が言うと、「えっ、それって００９（ゼロ・ゼロ・ナイン）みたいじゃない！」と反応して、「じゃあ、〝チャイナ・ナイン〟って名前にしたら？」と、彼が提案したのである。「えっ⁉　チャイナ・ナイン――⁉　それは凄い！」となり、2012年に『チャイナ・ナイン　中国を動かす9人の男たち』（朝日新聞出版、2012年）という本を世に出したのだった。

チャイナ・ナインに入るためには、当時の胡錦濤総書記をはじめとした9人の男たちの推薦と同意がなければならない。しかし党内序列ナンバー9の周永康《しゅうえいこう》以外は、誰もが薄熙来をチャイナ・ナインに入れることに賛成しなかった。そこで薄熙来は、経済格差により苦しんでいる貧困層に呼びかけて自らを「毛沢東」にたとえて、若者の人気を集めたのだ。毛沢東の中国語の発音は［Mao Ze-dong］（マオ・ズァ・ドン）。薄熙来の発音は［Bo Xi-lai］（ブォ・シー・ライ）。そこで彼は自分を「薄沢東（ブォ・ズァ・ドン）」と呼ばせて、「毛沢東讃歌」ならぬ「薄熙来讃歌」を歌わせ、「唱紅歌《ツァンホングァ》（紅い革命の歌を歌う）」運動を広めていった。

なんと、それほど貧乏ではない若者たちまでが、この「唱紅歌」運動に燃え始め、政府への不満を込めて、まさに毛沢東が言った「燎原之火」のごとく全国に広がり始めたのである。

このままでは「第二の文革」になってしまう。胡錦濤政権は最後の大仕事として、2012年3月15日に薄熙来を拘束し、失脚させてしまった（その後、終身刑）。

その薄熙来の肖像を毛沢東の肖像とともに掲げて、一部のデモ参加者が露骨な反政府感情を表現し始めたため、中国政府がデモ鎮圧に入り、デモは収束していった。

この間に問題となったのが、「まえがき」にも書いた「日本製品不買運動」に当たり、自分がいま使っているスマホをどうするのか、という問題だった。インターネットをつなぐパソコンもそうだが、電子製品の構成部品、キー・パーツは、ほぼすべて日本製かアメリカ製である。最終的な電子機器としての形（スマホやパソコン）は、たしかに中国で組み立てたので「メイド・イン・チャイナ」だが、中身は違う。

家に帰って観るテレビも冷たい飲み物が入っている冷蔵庫も、キー・パーツは日本製。アメリカから輸入した部品もあるが、ともかく「日本製品不買運動」を叫んで爆発しているのに、中身が日本製で詰まっている電子製品を捨てるのか否か……。「こんな中国に誰がした」とばかりに、デモ参加者は冷め始め、行き所のない怒りは、中国政府へと向かったわけだ。

２０１２年11月8日に5年に1回開催される第18回党大会が始まり、15日に習近平が中共中央総書記に選出された。

習近平が「中国製造２０２５」の準備作業に取り掛かれと命令を出すのは、２０１３年の年が明けてからだが、その1カ月ほど前の12月４日に、冒頭の連載記事が出たわけである。

この記事は、実に正確に当時の社会情勢を反映しているので、第一回目の冒頭部分の概要だけでも紹介したい。

「中国青年報」の記事「編集者の言葉」

大学などでは最近、「一流の学生は金融を学び、二流の学生はＩＴを学び、三流の学生が工学を学ぶ」という言葉が流行《はや》っている。それでもさらに一部分の工学卒業生は、卒業後に工学から離れていく。

11月29日に習近平総書記は、「どのようにして中華民族の偉大なる復興を実現するか」に関して「空理空論を言って国を誤らせることなく、実際にやるべきことを着実にやって国を振興させなければならない」と言ったが、それは深い思いを私たちに呼び起こしてくれる。身近な話で言えば、たとえば、どのようにすれば、高校生の親たちが自分の子供に工学を学ばせ、工学系の大卒生たちが、国家が最も必要としている領域に進むようにさせることができるのか？

本欄は今日から、「工学系に身を投じるのは、一種の愛国の方法なのだ」ということを考察する報道を連載することにする。先進諸国と比較して、中国の科学技術のギャップはどこにあるのか、そして愛国の熱い血潮に燃える若者たちは、具体的には何をすればいいのかを考えてみよう。

まさか携帯までボイコットするんじゃないよね？

最近（反日デモが起きていた時期）、「まさか携帯電話まで、ボイコットするんじゃないよね？」というコメントがネットに貼り付けられているのを発見した。それは北京にある某科学研究院の研究員が書いたもので、彼は彼のiPhone4Sの図をコメントに添えていた。そして「液晶画面、フラッシュメモリー、ブルートゥース（デジタル機器用の近距離無線通信規格の一つ）からカメラ・モジュールに至るまで、裏には東芝、シャープ、ソニー、TDK、セイコーエプソンなどのロゴがある。それでも、このアイフォンは日本製品と言えないのだろうか？」

という疑問を投げかけている。

中国の視点から見てみると、たしかにほとんどのアイフォンは中国大陸か台湾などで組み立てられている。そして驚くべきことに、1台のアイフォンの利潤に関しては、理念設計側のアップルが80ドルほどを儲け、キー・パーツを製造する日本企業は20ドルほどを稼ぎ、そして組立作業しかやっていない中国は、ほんの数ドルしか稼ぐことができないのである。

「中国青年報」の記者が、ネット投稿したこの研究員を取材すると、匿名を条件に、投稿の理由を次のように答えてくれたそうだ。

——ネットへのコメントは、ああいう日本製品不買運動をするだけでなく、乱暴狼藉を働いて暴れまくる反日デモ参加者に、こういう形を通して自分たちが何をしているかを知らせたかったからです。科学技術力における、この埋めようもないほどの日中のギャップは、いったいどこから来ているのか、だから私たちはいったい何を具体的になすべきなのかを（冷静に）考えてほしいと思ったからなのです。

中国は組み立て工場に過ぎない

もっともその年の10月1日、国慶節ゴールデンウィークにおける中国のカラーテレビ市場では、中国製と韓国製に押されて日本製はすっかり姿を消してしまっているため、大衆は歓呼の声を上げているとメディアが報道したばかりだ。

ところが、同じ日に中国社会科学院全国日本経済学会理事である白益民《はくえきみん》氏がウェイボー（微博）で「日本製造業経済は強大だ。ソニーや松下（原文ママ）あるいはシャープが必ずしも日本製造業のレベルを真に代表するとは限らない。ニコン、川崎（原文ママ）、石川島播磨、京セラなどの電子装備製造業こそが、実は日本製造業の象徴なのだ」とメディア報道に冷や水を浴びせた。

この白益民という人は、かつて三井物産で12年間にわたり研究をしていて、２００８年に『三井帝国在行動——揭開日本財団的中国布局』（行動する三井帝国——日本財団の中国展開をあばく）（中国経済出版、２００８年）を出版した。その本の中で白益民氏は、中国製造（メイド・イン・チャイナ）の概念に関して問題提起をしており、もし中国ブランドの製品のコア技術部分のキー・パーツが正真正銘の自国製品でなければ、どのようなハイテク製品も「中国で製造した（Made in China）」と言えるだけで、実際上は「日本によって創造された（Made by Japan）」と言わなければならないと書いている。

この問題提起は、中国人に「中国製造」に対する新しい認識を喚起し、特に世論に大きな衝撃を与えた。

彼は「中国は人体大の原子爆弾を作ることはできても、心臓大のエンジンを製造することが未だできないでいる」とも言ったが、これはたしかに一種の誇張ではあるものの、しかし中国の現実の一面を鋭くえぐっている。

中国商用飛機（飛行機）有限公司の謝燦軍氏は、時間によってこのギャップを表現し、先進国と中国の間にはハイテクにおいては、「20年のギャップ」があると言っている。

謝氏は中国の第1機目のリージョナルジェット機のすべての工程を自主設計した専門家だが、しかし「自主」と言っても、ターボエンジンをはじめとしたキー・パーツは、ロールスロイスやプラット・アンド・ホイットニーあるいはＧＭ（ゼネラル・モーターズ）など欧米の巨大企業から輸入して、「中国で組み立てた」に過ぎないと嘆く。

このような例は数えきれないほどあり、結局は白益民氏が言うように「外国がキー・パーツをコントロールし、中国は単なる組み立てプラットホームに過ぎない」という結論に至るわけだ。

以上が私なりに解釈しながら、ご紹介した「中国青年報」冒頭部分の概要だが、白益民に関しては、少しだけ付け加えておきたい。

１９６８年に北京で生まれた白益民は、１９９３年12月に三井物産北京事務所の面接を受け、粮油食品部に採用された。１９９６年に三井物産東京本社に派遣されたが、２００４年に北京の首都経貿大学からの招聘《しょうへい》を受けて兼務。２００５年に三井物産を辞職している。

彼に関する記事を書いた「中国青年報」が出たのが２０１２年12月で、習近平が〔２０２５〕に向けて動き始めたのが２０１３年初頭で、一定の準備期間を経て発布されたのが、２０１５年であることを考えると、日本の大企業が中国の国策決定を刺激したという側面があることになり、日本人としては遠い存在の〔２０２５〕が、一気に身近になるのを感じる。

二、〔2025〕への準備作業――一党支配体制への危機感

こういった社会背景を受けて、習近平が中共中央総書記になるとすぐに、「中国製造2025」に向けて動き始めた。

日本では一部のメディアが、2012年9月の反日デモは、習近平一派がデモ参加者にお金を出して煽《あお》ったものだという、なんとも理解しがたい噂を流していたが、事実は真逆である。そもそも、これから国家のトップに立とうとしている者が、社会の不安定を煽ってどうする。中国共産党が最も恐れるのは、社会の不安定だ。5年に1回開催される党大会が近づくと、天安門広場は猫の子一匹通さないほどの厳しい警戒態勢に入る。

なぜなら社会が乱れれば、一党支配体制は危機にさらされるからだ。事実、反日デモは、最終的には反政府デモになっているし、反政府の強い憤りを持っている者が、反日の仮面をかぶって、「反日ならデモに参加しても逮捕されない」「愛国は無罪である」として暴れまわるのである。

だから、反日デモを何としても胡錦濤政権に鎮圧してもらい、その続きで習近平政権がようやく誕生したと解釈すべきである。しかも習近平は、この反日デモで「毛沢東」の威力を思い知らされたことだろう。だから習近平は、徐々に自らを「毛沢東」と同一化させるようなイメージ操作を始める。

中国工程院「製造強国戦略研究」諮問プロジェクト

２０１３年、年が明けるのも待ちきれず、習近平は中国工程院の周済《しゅうさい》院長（当時）と朱高峰《しゅこうほう》元副院長を組長とする「製造強国戦略研究」という重大諮問プロジェクトを立ち上がらせた。

中国工程院というのは、中国政府（国務院）直属のアカデミーの一つで、中国には「中国科学院、中国社会科学院、中国工程院」という三大「院」がある。英語では“Chinese Academy of Sciences, Chinese Academy of Social Sciences, Chinese Academy of Engineering”と表記される。中でも中国科学院（１９４９年設立）と中国社会科学院（１９７７年設立。前身は１９５５年に設立された中国科学院哲学社会科学部）は、「両院」と呼ばれる二大巨頭を成す。中国工程院（１９９４年設立）も中国科学院から分かれて独立したアカデミーだ。

それ以外にも中国政府直轄では、「中国医学院、中国農業科学院、中国林業科学研究院……」などがあり、中央軍事委員会直轄には「中国人民解放軍軍事学院（通称：中国軍事学院）」などがある。

私は90年代半ばから２０００年初頭まで、いわゆる「中国政府のシンクタンク」と称されている中国社会科学院社会学研究所の客員教授・客員研究員を務めていたので、中国政府のインサイダー情報に接する機会を得た。

「製造強国戦略研究」諮問プロジェクトは、この中国工程院の院士（academician）50名と１００名以上の各分野の研究者から成る組織だ。中国工程院のほかに中国中央行政省庁の「国家工業と信息（情報）化部」や「国家質検総局」などがプロジェクトに加わった。
中国の「国家○○部」の「部」は日本の中央行政省庁の「省」に当たる。

大而不強（大きいが強くない）

１９３５年生まれの朱高峰は、中国工程院設立に尽力し、設立時の１９９４年から２００２年まで中国工程院の副院長を務めていた。白益民が『三井帝国在行動』を著し、「made in China なのか、made by Japan なのか」を提起した同じ年の２００８年、実は朱高峰もまたまったく別途に、同様の問題提起をしていた。彼は胡錦濤政権の指示により、「中国製造業の持続的発展戦略研究」という重大諮問プロジェクトを組んで、第十二次五カ年計画（２０１１～２０１５年）のために「中国製造業の持続的発展戦略研究報告」の準備作業に入っていた。

朱高峰は「中国製造（メイド・イン・チャイナ）」は、どういう言葉で表現すると最も的を射ているか」という、中国共産党機関紙「人民日報」の記者の質問に対して、「生産量は非常に大きいが、しかし価値はそれほど高くない」と大胆にも断言している。つまり「ＧＤＰ（国内総生産）は大きく成長しているが、中身の価値は高くない」ということだ。それはやがて成長の限界を示し、「持続的発展性」を見込むことはできないということにつながる。

「メイド・イン・チャイナは、全世界を覆っている。多くの国がメイド・イン・チャイナなしに生活することができないほどだ。しかしその中国製は、未だ中低級の製品であることを認めなければならない。つまりひとことで言えば『大而不強（大きいが強くない）』という4文字で表現するのが、最も適切だ」

と朱高峰は結んだ。

実際、２０１2年の世界銀行の統計によれば、中国製造業の前年からの増加幅は約2兆３３０7億ドルで、アメリカの約1兆８５３３億ドルを凌駕《りょうが》し、世界一になっている。それも全世界の製造業の20％の生産量を占めているのである。

一方、工業先進国の製造業付加価値値は、平均35％強であるのに対して、中国製造業の付加価値は21・5％に過ぎない。製造業の増加幅が中国のＧＤＰの32・6％しか占めていないのに対して、その製品を製造するためのエネルギー消費量は、全国のエネルギー消費量の58・０％を占めている。つまり、生産性は32・6％しかＧＤＰに貢献していないのに、その製品を製造するためのエネルギーは、国家全体の58・０％を奪っているので、建設的でなく、損をしているということだ。また中国のハイエンドのＣＮＣ（Computer Numerical Control：コンピュータ・デジタル制御）工作機械の80％および製造業のためのロボットの80％は輸入に頼っていた。

中国工程院の柳百成院士は、「わが国の製造業における突出した三大問題点は、イノベーション能力と核心のコア技術が弱く、基盤技術（Generic Technology：多くの先端技術分野に共通する汎用性の高い多目的技術）に欠けており、資源の浪費と環境汚染が甚だしいことだ」と語っている。研究者たちは押しなべて自国の評価に関して厳しい。

アメリカを追い越すには30年かかる

２０１３年初頭に結成された「製造強国戦略研究」重大諮問プロジェクトは、２０１３年末に最初の答申を中共中央に提出し、そのときに段階的国家戦略として「中国製造２０２５」を建議している。

２０１４年1月7日、（当時の）馬凱《ばがい》・国務院副総理は、答申を関係部門に回して検討し、この基本路線で具体案を進めることを中共中央および国務院で決定した。

朱高峰院士は、これはあくまでも最初の10年間の行動綱領であって、中国製造行動計画は、三段階に分けることができるとした。

すなわち、第一段階が２０２５年、第二段階が２０３５年、最終段階が２０４５年ということである。

ハイテクのコア技術に関しても、完全にアメリカを抜いて世界一になるには「あと30年かかる」ということなのだ。

私が『チャイナ・ナイン　中国を動かす9人の男たち』を出版したのは、２０１２年3月だが、執筆中、中国政府高官は米中の軍事力の差に関して「アメリカに追いつき追い越すには、まだあと30年はかかる」と言っていた。だから「中国は絶対に今アメリカと戦争をするようなことはしない！」と彼は断言したことがある。

そのため、２０１２年6月に日本記者クラブで講演した際に類似の質問を受け、私は「中国の軍事力がアメリカに追いつくには、あと30年はかかる。したがって中国は今は絶対にアメリカと戦争はしたくないと考えている」という趣旨の回答をした。

あの回答でよかったのか否か、実は心の中では多少の不安がよぎっていたが、この中国工程院の院士たちが語る「中国製造」の未来像も、やはり「アメリカを追い越すには、あと30年はかかる」という結論に達しているのを見ると、内心、ホッとするものがある。

しかし第一段階に相当する最初の10年を乗り切らないと、絶対に30年後の「中国の夢」は現実にならない。

２０１５年5月から数えて10年後の「２０２５年」は中国の分岐点なのである。中国が世界制覇への道を歩むことができるか否かは、「２０２５年」に決まる。

米中の「偉大さ比べ」

そんな中国が、アメリカに追いつき追い越すなどということがあるはずがないと思ってしまうが、ところがここが中国の、というか、習近平政権の怖いところだ。第二章以下で述べるように、中国は半導体産業に関して世界トップ10に入る企業が現れるほどに急激に成長した。〔２０２５〕の発布は２０１５年だが、２０１３年には内部では既に号令がかかっていたと思われる。今年は２０１８年。わずか5年間で一気にトップまで駆け上がったことになる。

宇宙開発においては、さらにすごい。アメリカに追いつくだけでなく、追い越そうとしている分野もある。

トランプは、この10年の間に中国が成し遂げるであろう成果にストップをかけ、中国にアメリカを凌駕させる足がかりを絶対に与えてはならないと、米中貿易戦争という手段を通して挑戦している。それを見抜いたトランプの目は鋭い。なぜ見抜けたのかは、最終章で述べる。

習近平は、この10年間で何としても中国のハイテク分野におけるコア技術の自国による自給自足を満たし、宇宙開発においてアメリカに追いつき追い越そうとしている。国家主席の任期制限を撤廃してまで、自分の手で成し遂げようと死闘しているのである。そうしなければ彼が政権スローガンに掲げた「中華民族の偉大なる復興」を成し遂げる「中国の夢」は実現せず、中国共産党による一党支配体制は崩壊するという危機感を抱いているからだ。

「アメリカこそが偉大だ」とするトランプと「中華民族の偉大なる復興」を叫ぶ習近平と、ここは「偉大さ比べ」になった格好だが、どちらに軍配が上がるのか——。

内憂外患——「世界の工場」は中国から姿を消す

2013年の時点では、中国工程院の李伯虎院士は、中国の製造業に関して「内憂外患」を指摘していた。

すなわち、「経済のグローバル化に伴い、新しい科学技術革命と産業変革が起きているが、中国は製造業の発展において、中国を引き離していく先進国のさらなる優位性の獲得と、中国にキャッチアップしようとする新興国（中国よりも劣勢だったはずの発展途上国）の急激な経済発展との挟み撃ちに遭っている」というのである。

欧米や日本は早くからハイテク技術の研究開発に力を注ぎ、先発の技術にさらなる磨きをかけてきた。その研究成果を「組み立てて」、中国は２０１０年ごろまでは労働集約型の廉価な労働力によって、まさに「世界の工場」の役割を果たしてきた。それを支えたのは、農村から都会に出稼ぎにきた「農民工」である。どんなに低賃金だろうが、３Ｋ（きつい、きたない、きけん）のどのような仕事でも引き受け、工場ではブルーカラーの主力軍として働きまくった。「民工潮《みんこうちょう》」と呼ばれる現象が全中国を覆い、人々は銭に向かって爆走し始めた。

１９４９年に新中国（中華人民共和国）が誕生したとき、毛沢東は人民に「向前看（シャン・チェン・カン）」（前に向かって進め）と呼びかけ、革命の精神を忘れないように人民の精神を鍛えあげた。金儲けをしようとする者は「走資派《そうしは》」（資本主義に走る者）として逮捕投獄された。しかし、１９７８年に改革開放が始まると、鄧小平《とうしょうへい》は「先に富める者から富め」と号令を掛け、「金儲けをすることはいいことだ」と奨励した。最初はまた逮捕されるだろうとビクビクしていた人民は、本当に金を稼いでも罰せられないということを知るようになると、自らの行動を同じ発音の「向銭看（シャン・チェン・カン）」（銭に向かって進め）と自嘲的に表現して、銭に向かって突進し始めたのだ。

農村は空っぽになり、「安かろう、悪かろう」で有名だった「メイド・イン・チャイナ」を全世界にばらまき始めたのである。

しかし、２０１０年に中国のＧＤＰが日本のＧＤＰを抜き始めたころ、低賃金労働者だった農民工が「足で職場を選び始める」（高賃金をくれる工場を農民工自身が選んで渡り歩き始める）

と、事態は変わってきた。

生産工場は賃金を上げないと、働き手がなくなり始めたのである。

このころ、「世界の工場」は中国から姿を消すようになり、ベトナムやタイあるいはインドネシアといった開発途上国が、中国の農民工よりも、より安い賃金で労働力を提供し始めたのだ。少なからぬ先進国は、より安い労働力を求めて、生産拠点を中国から東南アジアなどに移し始めた。

となると、2014年時点で2・67億人もいた中国東海岸の農民工たちは「用なし」となる。

彼ら彼女らが反乱を起こしたら、まさに一党支配体制は危機にさらされる。

そこで、習近平政権は2014年3月に、「国家新型城鎮化計画」を打ち出して、2020年までに、2・67億人の農民工を、元いた農村に戻そうという計画を実行に移し始めた。「城鎮化」というのは日本語的には「都市化」に近い概念である。ただ強引に農村に戻すのではなく、農村を都市化して職場を捻出するという「大移動」計画だ。そのため文化財保護に投資して観光地化したり、あるいはインターネットを用いて農村でも商売ができるようなネット販売を奨励したり、都市化するためのインフラそのものを労働力吸収の引力に充《あ》てたりと、さまざまな工夫をし始めた。

大都市の過密化とスラム街化、あるいはゴミやその他の衛生問題、さらには農民工の子女の教育や戸籍問題などが渾然一体となって、中国政府に迫ってきた。そもそも農民工には都市における戸籍は基本的には与えられず、住民登録も暫定的なものしか認められていなかったので（ほんの一部は都市戸籍取得）、病気をしたときの健康保険や老後の年金も介護保険もなかった。一方では、２０４０年には都市住民を含めた中国全人口の年金が枯渇する。

そのため、農民工を定住させて住民登録をさせ、戸籍を与える。その代わりに税金を納めさせ、年金や健康保険のための徴収にも応じるということを同時に強制するわけだ。そうすれば年金や福祉に充てる国費も貯まり、農民工も将来を保証されていくという、一挙両得となると考えている。社会主義の国家が、どの資本主義にも存在しないほどの不平等と格差を生んだのでは、共産党による一党支配体制維持もあったものではない。

このように、中国工程院の李伯虎院士が指摘したところの「内憂」は、必ずしもこれまで述べてきたような製造業のコア技術の問題だけでなく、製造業に絡んだ「工場の働き手」に関する根本的な「内憂」も累積していたのである。

これらの「内憂」に、「先進国には追いつけず、後進国からキャッチアップされる」という「外患」が加わっているのが、２０１３年当時の状況だったということができる。

一方、世界の工場として機能する廉価な働き手が中国から消えるとなると、それまでのような急速なＧＤＰ成長は期待できなくなる。

そこで生まれたのが「新常態（ニューノーマル）」という概念だ。

三、新常態（ニューノーマル）は〔2025〕から生まれた

2014年1月、当時の馬凱副総理が中国工程院からの第一回目の答申を受けてから、関係部門と認識を調整した後、「チャイナ・セブン」に報告し、習近平が動いた。「チャイナ・セブン」とは、習近平政権の中共中央政治局常務委員会委員7人に対して、私が命名した呼称である。胡錦濤政権のトップ9人を「チャイナ・ナイン」と名付けたことから、そのアナロジーで「チャイナ・セブン」とした。今ではNHKのニュースでも普通に「チャイナ・セブン」と報道しているので、すでにマスコミ用語になってしまったのかと嬉しいような気もしないではない。

「新常態」概念を提起したプロセス

2014年5月9日から10日にかけて、習近平は河南省を視察した。その視察中に習近平は初めて「新常態」という言葉を使った。

習近平は「わが国の発展は、依然として重要な戦略的チャンスの時期にあり、われわれは自信を強化し、現在の中国経済の発展的段階の特徴から出発して、〝新常態〟に適応し、戦略的な平常心を保ち続けなければならない」と表明した。

2014年7月29日午前、習近平は中南海に「党外人士」を集めて「党外人士座談会」を開

催した。この「党外人士座談会」というのが出てきたら、中共中央に何か大きな変化が起きるなと、ピンとこなければならない。

「党外人士」というのは、八大民主党派や無党派のことで、中国には中国共産党以外に、実は「民主党派」が８つもある。具体的には「中国国民党革命委員会、中国民主同盟、中国民主建国会、中国民主促進会、中国農工民主党、中国致公党、九三学社および台湾民主自治同盟」だ。中華人民共和国憲法では、民主党派は中国共産党の指導の下で中国共産党に協力することと規定されている（ちなみに「九三学社」は第四章で述べる宇宙開発を推し進めていく脅威的人物の一群を輩出している）。

これでは「民主党派が存在する」とは言えないのだが、一応、「民主的な形」を取っているという表現を中国政府はしている。実際、毎年3月5日から、日本の国会に相当した立法権を持つ全国人民代表会議（全人代）を開催するが、必ずその2日前の3月3日から「中国人民政治協商会議全国委員会（略称：全国政協）」というものが開催され、この二つを中国では「両会」と称している。

全人代の代表（議員）の人数は約３０００人で、全国政協の代表の数も３０００人ほどいる。違うのは立法機関としての議決権を持つ全人代は、中国共産党員が圧倒的多数を占めるのに対し、全国政協の方は、民主党派の人数の方が多いということだ。その年によって多少違ってくるが、60％から、多いときには70％近くも民主党派によって占められているときもある。

どうせ、参考意見を述べるだけなので、「述べさせておいて」、まるで「民主的国家」のような顔をするわけだ。

なぜ民主党派がいるかというと、これは新中国建国のときに遡《さかのぼ》らなければならない。

1949年10月1日に毛沢東は、中華人民共和国の誕生を宣言したが、4年間にわたる蔣介《しょうかい》石《せき》率いる国民党との戦いである国共内戦で国土は荒れ果て、経済は疲弊し、中国共産党側には蓄財はなかった。「中華民国」という国家を倒して新中国を誕生させたわけだから、これは「革命戦争」と呼ばれていたことからも分かるように、「国家の資産」としての蓄財は、国民党側にはあっても中国共産党側にはない。

敗色が鮮明になると、蔣介石は多くの資産を台湾に移していった。そこで毛沢東は一案を画して、民族資本を温存させるために、中華民国時代にさまざまな形で団体を組んでいた資産家らを民主党派という形で残すことにしたのだ。

但し、絶対に「中国共産党の指導に従え」ということを、多くの政治運動を通して学ばせた。1950年代初期の三反五反運動(三反：反汚職、反浪費、反官僚主義。五反：国家経済情報の悪用に反対するなど、五つの反対)や50年代半ばの反右派闘争などを通して、徹底的に反革命分子を投獄し、毛沢東に恐れおののいて従う者だけを生き残らせたわけである。

この歴史を中国共産党は今も踏襲し、中共中央はチャイナ・ナインやチャイナ・セブンなどの会議で基本的な方向性を定めた後に、必ずと言っていいほど「党外人士座談会」を開催して、その後に中共中央委員会全体会議や中共中央政治局会議を開催して、正式決定を出すという慣わしがある。

「党外人士座談会」の説明が長くなったが、習近平は２０１４年7月29日の党外人士座談会で、「新常態」に関する説明を行い、党外人士および同席していた全国工商業連合会代表や無党派代表の意見を求めた。無党派は新しく出てきた社会階層で、たとえば農民工の代表などがいる。胡錦濤政権のときに選出母体の一つにすることが決まった。

この座談会では、李克強《りこくきょう》が２０１４年上半期の経済状況と下半期の計画を報告した後、習近平は「新常態に適応し、ともに経済の持続的で健康な発展を推進していこう」と呼びかけたのだった。

案の定、２０１４年10月20日から23日まで開催された中国共産党第18回中央委員会第四回全体会議（四中全会）で、習近平は初めて正式に「新常態」を提起した。彼は「中央政治局は経済発展の新常態とイノベーションというマクロコントロールの思考方法に適応しなければならず、経済社会発展に関して中国がいま直面している難題を解決し乗り越えていかなければならない」と述べた。

一般に中共中央委員会全体会議の内容は、そうつぶさに公開されないため、中央テレビ局ＣＣＴＶなどで専門家らによる解説が披露される。

それによれば、中共中央の指導層が提起する「新」の字が付く新しい言葉には、往々にして非常に重要な政治的シグナルが込められているとして、以下のような解説を試みている。

――新常態を提起したのは、逆に言えば「旧常態」があったということで、その「旧常態」が何であったのかを見極めなければならない。中国経済は改革開放以来、平均して10％前後の爆発的な高成長を遂げてきた。しかし、あまりに成長率の数値を高めることに偏り、あまりに経済成長に熱気を注ぎ続けたことにより、逆に「持続性」が疎《おろそ》かになるファクターを、ブレーキを掛けることなく蓄積してしまった。おまけに計り知れない環境汚染を続けたために、社会の矛盾は増加し、国際的な圧力も大きくなるという挑戦を受けている。これは、習近平政権が誕生する18回党大会（２０１２年11月）以前の「体制病」と「マクロ総合失調症」がもたらしたものと言わなければならない。

ずいぶんと、中国の弱点をはばかることなく言っていると思って感心して聞いていたが、最後に「18回党大会以前までの政権がもたらしたもの」という結語を持ってきて、習近平政権を讃える内容で終わらせるという、なんとも見事というか、さすがというか、中国共産党が管轄するＣＣＴＶらしい解説ではあった。

たしかに中国の経済は、ＧＤＰの規模において日本を追い抜いた２０１０年あたりから、その成長率は落ち始め、２０１３年には数値目標を７・５％前後に抑えている。そして２０１５年から２０１７年にかけて、３年連続で７％を下回るようになり、李克強は全人代の政府活動報告で、２０１８年の目標値を６・５％前後まで落とすと表明している。

２０１４年11月９日、習近平は北京で開催されたＡＰＥＣ（アジア太平洋経済協力）ＣＥＯサミット開幕式で演説し、世界に向けて初めて「新常態」に関して述べた。

「持続的発展を求めて、アジア太平洋の夢をともに築こう」という演題の中で、習近平は「中国経済新常態には、三つの主要な特徴と、四つのチャンスがある」とした。

三つの主要な特徴とは、

1．高速成長から中高速成長に転換すること。

2．経済構造を絶えず最適化・レベルアップすること。

3．経済成長のエンジンを「投資駆動型」から「イノベーション駆動型」に転換すること。すなわち、「労働力、資本といった生産要素の投入量の拡大」という労働集約型から、イノベーション（技術革新）に転換すること。

で、四つのチャンスに関しては回りくどくて長すぎるので、以下にまとめてみたい。

要は、こういうことだ。

ＧＤＰ成長率が低下したのは、世界の工場としての廉価な労働力を投入する労働集約型経済から、もっと高度なイノベーションを自ら創りあげていく知能型（スマート化）に転換するためだ。研究開発に資金や時間を投入する分だけ、成長率は一時的に低下するが、長期的にはむしろ技術強国になるので、成長の持続性が保たれる。つまり「量より質」を重んじるのは、長期的成長としては不可欠で、そこに行くまでには、一定期間成長が鈍化するのはやむを得ないという理屈である。

さて、こうしていよいよ２０１５年５月に、「中国製造２０２５」＝〔２０２５〕が発布されるのである。それでは、その具体的な内容は、どのようなものなのかを見ることにしよう。

四、〔2025〕、平易な言葉に隠された意図

２０１５年5月8日、国務院は各省・自治区・直轄市人民政府、国務院各部各委員会、各直属機構宛てに〈「中国製造２０２５」の公布に関する国務院の通知〉（国発〔２０１５〕28号）（以下、「通知」）を発布した（ただし中国語では「製造」ではなくて「制造」）。

冒頭には、

――製造業は国民経済の主体であり、立国の根源であり、興国の器（器具）であり、強国の基礎である。18世紀半ばに始まった産業文明以来、世界の強国の興亡と中華民族の奮闘の歴史は、強い製造業がなければ、国家と民族の繁栄も存在し得ないことを証明している。国際競争力のある製造業を確立させることこそは、中国の総合的な国力を高め、国家安全を保障し、世界における強国を打ち建てるための唯一無二の道である。

とある。なにやらつまらないように見えるかもしれないが、中国の「通知」というのは、用心深く読み込んでいかなければならない。

ここで注目すべきは、「国家安全を保障し」という言葉である。半導体産業の強化が「国家安全」に関係するとはどういうことなのか。それは本書の最後までいけば、トランプが最も警戒している「宇宙開発」あるいは「人工衛星」における「宇宙支配」にまで及ぶことを意味しているのである。その「国家安全を保障すること」が「世界における強国を打ち建てるための

唯一無二の道だ」ということは、中華民族の偉大なる復興は、「宇宙支配」までをも最終的には目指していることを意味する。中国が常套句《じょうとうく》で使うところの「敵対勢力」を指し、具体的にはアメリカから中国を守るという防衛の領域に入る。

また中国国内においては、徹底した監視体制の構築ということも指している。

序文は、つぎに「新常態」（ニューノーマル）に触れ、〔２０２５〕を完遂する以外に、中国にはもう退路はないという逼迫感《ひっぱくかん》をにじませている。

通知は多くの項目にわたって詳細に示してあるが、非常に長いものなので、本書で必要と思われる項目のみをピックアップして、身近な例を挙げながらご紹介したいと思う。

5つの基本方針

通知の「二、戦略の方針と目標」の「(一) 指導思想」には、「イノベーション駆動」「品質優先」「グリーン（環境保護）発展」「構造改善」「人材こそが根本」の5つの基本方針が書いてある。

「イノベーション駆動」では、「製造業のデジタル化やネットワーク化およびスマート化を促しイノベーションによる駆動という発展の道を歩む」とあるが、「スマート化」とは、主として情報通信技術（ＩＣＴ）を駆使して、状況に応じて運用を最適化するインテリジェントなシステムを構築することで、中国語では「智能化」という漢字が使われている。「スマートフォン（スマホ）」などの「スマート」が、その典型的な用語の使い方である。

「品質優先」では、「品質を製造強国建設の生命線とし、品質に対する企業の主体的な社会責任を強化し、品質関連技術の難関攻略や自主ブランド育成を強化する」とあるのだが、ここで、「社会責任」という概念に関して少し説明を加えたい。

これは2000年7月に国連で承認された概念で、企業は環境汚染などの有害物質を社会に散乱させ、人類の生活を脅かしている。だから企業や組織は、「社会責任」を配慮しながら事業を進めていかなければならないというものだ。中国は、世界で最も環境汚染の激しいところだったので、このままでは息をすることもできないし、水を飲むこともできなくなるということから、この「社会責任」概念を取り入れ、毎年、関連企業や組織に対して、関係する政府部門が評価を行い、発表している。

2018年、失踪したとして全世界で騒がれた范冰冰（ファン・ビンビン）に関して、中国政府のシンクタンク中国社会科学院が、北京師範大学と連携して『中国影視明星社会責任研究報告（2017-2018）』を9月2日に出版した。「影視明星」は「映画テレビ界スター」といった意味だ。その中でファン・ビンビンを調査対象100人のランキング最下位に置き、評価点も、なんと「0点」。中国社会科学院が芸能界に切り込んだのも初めてなら、「社会責任」という概念でスターを評価したのも初めてのことである。

報告書が9月2日に出版されたということは、執筆に入ったのが4月末か5月初め。そのあとに中国版ツイッターの微博（ウェイボー）に元CCTVにいたスタッフによる暴露記事が出たので、執筆が先だったということになる。評価と執筆を命令することができるのは、中国政府か中共中央以外にない。勝手にこのような調査をして報告書を出すということは、「絶対に」ない。命令を出したのは、映画やテレビを含めたメディアすべてを管轄する中共中央宣伝部だ。

話が横道にそれたが、このように、「社会責任」というのは、特に目を付けて説明しなければ、通知の中でほぼ完全に無視されて通り過ぎていってしまう言葉だ。通知の文章をそのままここに書くと、おそらく眠くなるのに1分もかからないであろう。だから、身近な例に引き寄せて、通知文をそのまま羅列するのを避けている。

「グリーン（環境保護）発展」は、省エネ環境保護の立場からエコ文明に向けて企業を発展させていくという意味だが、中国は空気汚染が激しいため、本気で電気自動車（ＥＶ）開発に取り組んでいる。そのニーズは非常に高いので、日本にとってはビジネスチャンスだろう。

「構造改善」は従来の労働力密集型の組み立て産業から抜け出し、核心的競争力を備えた産業クラスターと企業群を育てて品質の向上を図るということである。

「人材こそが根本」は侮《あなど》れない。１９９６年からの政策により、人材のヘッド・ハンティングが蓄積されている。

それなのに、半導体産業というコア技術の方が発展してこなかったのは、中国共産党の一党支配体制の正当性を人民に見せるために、ＧＤＰの量的成長を重視し、「ほらね、中国共産党が統治していると、中国はこんなに経済発展するんだよ」ということを強調して、常に人民を説得してこなければならなかったからだ。

しかし、そこに限界が来た。だから「量から質」への転換を図り〔2025〕に着手しているわけだが、蓄積してきた人材を「質の向上」の方に向かわせさえすれば、一気に実力を発揮する。それがわずか5年で、中国の半導体産業および宇宙開発を一気にトップクラスに押し上げていく潜在力になっている。これは第三章などで、実例を挙げて詳述する。

32ページに書いた諮問答申段階でも述べられているように、「中国製造」計画はやはり、三段階に分かれている。第一段階は「2015~2025年」で、第二段階は「2026~2035年」、第三段階は「2036~2045年あるいは中華人民共和国建国100周年（2049年）」としている。

つまり、建国100周年記念までには、必ずアメリカを追い抜くことを目標とするが、それを可能ならしめるのは、あくまでも第一段階の完遂で、ここで失敗すれば、建国100周年記念は迎えられないと習近平は覚悟を決めている。その証拠は次項で述べる「コラム3」に明確に表れている。

なお、習近平は2017年10月の第19回党大会で、2050年（目標は2049年）までの社会主義現代化の実現に関する目標として、2020年から2050年までを二つに分けて、第一段階を「2020~2035年」、第二段階を「2035~2050年」にすると表明した。2020年までは全面的な小康社会の実現に充てるとしているが、この手のスローガンは、あまり信用しない方がいい。そもそも一党支配体制以外は、現在の中国のどこにも「社会主義的要素」はない。私がまだ天津《てんしん》の小学校に通っていた1950年代初期に、毛沢東が「わが国は遂に大規模な社会主義建設の段階に入った！」と宣言したために、祝賀のデモ行進などに参加させられたほどだ。改革開放後は「金儲けをしてもいい」という「特色ある社会主義国家」になったのだから、ひたすら後退しているだけで国家資本主義に近い。「社会主義がどうした、こうした」といった種類の空スローガンには振り回されない方がいい。実に空虚だ。

それに比べて〔２０２５〕はデータと現物が客観的に出てくるので、分析に向いている。

２０２５年までに半導体70％自給自足と宇宙開発

通知の「三、戦略の任務と重点」の「(三) 産業の基礎能力の強化」の項目に、「四つの基礎」に関して書いてある。

中国では、「核心となる基礎部品」「先進的な基礎工程」「カギとなる基礎材料」「産業技術の基礎」という「四つの基礎」の産業基礎能力が低いとある。

これこそは、まさに製造業から宇宙空間あるいは軍事など、多岐にわたって応用できる汎用性の高い技術で、〔２０２５〕では、この「四つの基礎」の発展を統一的に推進する。

それを詳細に説明していると科学や法律の解説書のようになってしまうので、ここでは「四つの基礎」の記述の合間に書かれている五つのコラムの内の、最も肝心な「コラム３」に注目してご紹介しよう。

コラム３「工業基礎強化計画」には、以下のように書いてある。

モデル応用事業（Demonstration Application）を展開し、奨励とリスク補償のメカニズムを構築し、核心となる基礎部品（キー・パーツ）や先進的な基礎工程、カギとなる基礎材料の応用の初期段階、または分野をまたいだ汎用性の高い応用を支援する。

重大プロジェクトと重点設備のカギとなる技術と製品という需要に対して、優れた企業が①**産官学連携の共同研究開発を展開させ**、キーとなる基礎材料や核心的な基礎部品の工学的応用や産業化を制約するボトルネックを組織的に打破する。プラットホームによるサポートを強化し、「四つの基礎」のための研究センターを設立し、公共サービス・プラットホームを構築し、重点産業技術向けの基礎的サービスシステムを整備する。

２０２０年までに、核心基礎部品とカギとなる基礎材料の40％の自給率を実現し、他国の制限を受けていた局面を緩和する。②**宇宙用装備や通信設備**、発電・送電・変電設備、建設機械、軌道交通設備、家電などの産業で、すぐに必要となる核心基礎部品とカギとなる基礎材料の先進製造工程の普及・応用を実現する。

③**２０２５年までに、核心基礎部品とカギとなる基礎材料の70％の自給自足を実現し**、80種の特定の先進工程の普及・応用を実現し、一部では世界トップレベルに達し、整った産業技術向けの基礎的サービスシステムを構築し、完成品による牽引と基礎部品からの支えにより、協調的な産業発展の局面を形成する。

トランプはよくぞ、あの長文の通知の中から、そして一見何でもないように見える文章の中から、この「コラム3」に書いてある中国の国家ハイテク戦略の核心部分を見抜いたものだと、まずそのことに敬意を表する。よほど凄いブレインがいないと、この危険さを読み取ることはできないはずだ。そこに誰がいたのかに関しては最終章に書くが、ともかくトランプ政権が最も注目し、米中貿易戦争の攻撃のターゲットとしているのは、コラム3に書かれている文章と後に述べる宇宙開発なのである。

③で示した傍線部分にあるように、ハイテク製品を構成しているキー・パーツに関するコア技術を、２０２５年の段階で70％も自給自足することを実現してしまったら、三段階に分けて30年かけて到達する目標のほとんどを、あと7年間で中国は達成してしまうことになる。そうなれば、ハイテク産業だけでなく、軍事や宇宙開発においても、中国が世界の覇権を握る重要なステップを上ることになるだろう。

特に②の傍線部分に簡単に「宇宙用装備や通信設備」と書いてあるが、これは第四章や第五章で詳述する「量子暗号」という通信手段を搭載した人工衛星の打ち上げなどで、万一にも戦争になった場合は中国に圧倒的に有利なため、強烈な抑止力になり得る。しかし日米にとっては安全保障上の、非常に厳しい脅威となる危険性を孕んでいる。

「量子暗号」は、いま人類が持っている技術の中で最もハイレベルの暗号で、絶対に誰にも解読することができないという「量子の特殊性」を使っている。中国はこの「量子暗号通信搭載の人工衛星」の試験的打ち上げに成功した、世界で最初の国だ。

これを可能ならしめたのが、前述した九三学社の党員たちの頭脳である。中国共産党員ではない。しかも中国科学技術大学という、大学の教授2名が突出している。長老ではなく、30代と40代という若さだということも、脅威ではないか。このまま研究を続ける状況が持続すれば、〔2025〕は夢ではなくなる。

それをさせてはならないと、貿易戦争という手段で攻撃をかけているのがトランプなら、どんなことがあっても達成しようと死闘しているのが、習近平ということになる。

コラム3に関して、もう一つ説明を加えたいのは、①の傍線で示した「産官学連携」に関してだ。

中国には、実は毛沢東時代から「校営企業」というのがあって、学校（専門学校や大学）に企業が付設されていた。

というのは、毛沢東時代は、まさに社会主義をそのまま地でいっていたので、教育機関はすべて国営（地方は公営）で無料。学費が無料なだけでなく、学校のキャンパスには、必ず無料の宿舎があり、食堂も完備していて、学生は国家の丸抱えで学園生活を送っていた。その代わりに卒業したら、必ず国家が分配する国営企業に行って働かなければならない。

そのため、準備期間として、学生たちはその教育機関に関係する国営企業で実習を行っていた。その小型版を教育機関に付設し、これを「校営企業」、中国文字では「校弁企業」と称していた。

1978年から改革開放が始まったときも、この「校営企業」が大きな役割を果たした。市場経済が走り始めて、国営企業は在庫ばかりが溜まっていて倒産が相次ぎ、やがて株式会社化して国有企業となったが、それまで私営の「民間企業」がなかったので、研究開発は大学か国営企業でしか行っていなかった。主として役割分担していたのは大学だ。

中国が世界の「組み立て工場」になってしまって、どんなに多くのハイテク製品を産出し、輸出しても、そのコア技術が発展しなかった理由の一つがここにある。「民間企業の研究開発部門」が担うべき役割は、中国の社会には、長いこと存在していなかったのである。

逆に産官学連携は盛んで、次章で述べるトランプの攻撃のターゲットの一つとなっているハイテク企業「華為（Hua-wei、ホァーウェイ）」は、今も全世界の２００ほどの大学と連携して研究開発を進めている。

中国国内における伝統的な意味での校営企業という形態は地方の弱小教育機関以外ではもうほとんどなくなっていて、たとえば清華《せいか》大学に改革開放後に創設された紫光《しこう》集団有限公司は、今では「国有持ち株会社（ホールディング）」の株式制になっている。政府が握っているので、逆に民間企業が入り込みにくい。そこで中国国内における産官学連携ではなく、日本を含めた海外の大学と研究開発の産学連携をしていて、ここでも「技術が盗まれるのではないか」あるいは「頭脳が盗まれていくのではないか」と懸念される現象が起きている。

研究費が少ない日本の研究室で、技術を持ちながら「持ち腐れになっていく」知識を、「金で買われて」喜んで実力を発揮していくという現実も、そこにはある。

次章で述べる清華大学の紫光集団の急成長ぶりには目を見張るものがあるが、その萌芽期には中国の伝統的な産官学連携が深く潜んでいるのである。ただ単に、朱鎔基《しゆようき》元首相や胡錦濤元国家主席、あるいは現在の習近平国家主席たちの母校であるからということではなく、もう20年以上も前から校営企業として上場していた。

なお、コラム3の②の一行前に、「他国の制限を受けていた局面を緩和する」とあるが、これは「それまでキー・パーツの90%は輸入に頼っていたため、輸入先国との関係が他の要因によって悪化した場合はその影響を受ける」状況を想定し、その影響を避けることを意味する。その危惧は的中したと言っていいだろう。

航空宇宙装備と、海洋工程装備およびハイテク船舶

通知の終わりの方には、特に「航空宇宙装備」と「海洋工程装備およびハイテク船舶」という項目が設けられている。ここはもう、通知の文章をそのまま翻訳して掲載することにする。そこには、以下のように書いてある。

宇宙装備に関して：次世代キャリアロケット、超大型ロケットを発展させ、宇宙への突入能力を高める。国の民間向けの宇宙開発用施設の建設を加速し、新型衛星などの宇宙プラットホーム、ペイロード（最大積載量）および空天地（空中・宇宙・地上）ブロードバンド・インターネットシステムを発展させ、長期的かつ持続的に安定した衛星リモートセンシングや通信あるいはナビゲーションなどの宇宙情報サービス能力を形成する。有人宇宙飛行や月面探査プロジェクトを推進し、深宇宙の探査を適度に発展させる。また、宇宙技術の転化と空間技術応用を推進する。

航空関連装備に関して：大型航空機の研究開発を加速し、ワイドボディ旅客機の研究開発を適時に始動し、大型ヘリコプターの国際協力開発を奨励する。地域の航空機（コミューター機）、ヘリコプター、無人機、一般航空機の産業化を推進する。高推力重量比や先進ターボプロペラ（シャフト）エンジン、高バイパス比ターボファンエンジンなどの技術でのブレークスルーを実現し、エンジンの自主発展工業システムを構築する。先進的な搭載装備とシステムを開発し、自国産業で完結する航空産業チェーンを形成する。

海洋工程装備およびハイテク船舶に関して：深海探査や資源の開発利用、海上作業保障設備、そのカギとなるシステムや専用設備を大きく発展させる。深海ステーションや大型浮遊式構造物の開発と工学的応用を推進する。海洋建設機械の総合試験、検査測定、評価能力などを形成し、海洋の開発利用レベルを高める。豪華客船のデザイン、建造技術のブレークスルーを実現し、液化天然ガス・タンカーなどのハイテク船舶の国際競争力を全面的に高め、重点設備の統合、スマート化およびモジュール化を可能とするデザインや製造のコア技術を掌握する。

これ以外にも通知には、「航空・宇宙、発電設備などの重点分野で、完成品メーカーと「四つの基礎」関連企業・大学・研究機関との生産需要のマッチングを導き、産業連盟を設立し、協調イノベーションや産業とユーザーの連携、市場による基礎産業発展を促進する新たなモデルを形成し、重大設備の自主的制御のレベルを高める」と書いてあったり、「軍民融合をさらに推し進め、製造業全体のレベルの向上を推進する」などという記述がある。非常に短く、サラリと書いてあるが、こういう時こそ危ない。詳細は第四章に書いた。

本書では、船舶あるいは軍艦などに関しては触れないが、中国の軍事産業は「軍が握っているのではなく」、国家を中国共産党が握っていて、軍は「党の軍」なのだから、ことさら、どこの背後に軍がいるということを書きたてるまでもない。

トランプが歯痒《はがゆ》く思っているのは、その点だ。独裁国家を統治する党に軍が直属しているという構築の中で、民主主義国家が対抗するのは至難の業《わざ》である。

それを打ち砕こうとしているのが、トランプの対中強硬策だ。

通知のこの項目のところには、「長期的かつ持続的に安定した衛星リモートセンシングや通信あるいはナビゲーションなどの宇宙情報サービス能力を形成する。有人宇宙飛行や月面探査プロジェクトを推進し、深宇宙の探査を適宜発展させる」と、これもまたサラッと書いているが、それがどれほど恐ろしい未来を招くかは、本書を最後までご覧になれば、ご理解いただけるものと信じる。

中国政府はよく、「中国は肝心なことは控え目にしか書かないものだ」と言っており、その言葉はゾッとするほどに中国の戦略とその動かし方を物語っている。

たとえばＡＩ（人工知能）やそれに伴うロボット、あるいはＩｏＴ（Internet of Things、モノのインターネット）などに関してはストレートに書いているし、むしろ博覧会などを大々的に開催して、中国の発展ぶりを披露さえしている。これらは「秘密兵器」ではないからだ。具体的な「モノ」として誰の目にも見えるハイテク製品に関しては宣伝こそすれ、隠さない。

隠しているのは、世界制覇において決定的となる「秘密兵器」に当たる開発である。「秘密兵器」と言っても、それは「兵器」ではなく、ＡＩよりも大きな未来的影響力を持つ「量子暗号」や「量子コンピュータ」などの最先端コア技術である。この二つは世界の勝敗を決定づけるだろう。「暗号を制する者が世界を制する」ことを実現させるかのように、中国はいま「量子の世界」で優位に立とうと、全力を投入している。それこそが米中対立と勝負の正念場なのである。第四章では、まさにその量子暗号や量子コンピュータに関して、なぜ中国が可能ならしめたのかを中心に考察する。

なお、日本では〔２０２５〕は２０１１年にドイツで発布された「インダストリー４・０（第四次産業革命）」の中国版ではないかと一部で言われているが、中国側は「まったく違う！」と完全否定している。先述した中国工程院の朱高峰元副院長は、「中国製造２０２５は、彼らの〝複製版〟ではなく、あくまでも中国の特色ある製造強国戦略だ！」と強調している。

また、中国機械科学研究総院の屈賢明元副院長は、「事実上、中国の現代化は、西側先進諸国とは全く異なる。先進国では工業化、都市化、農業現代化及び情報化が順次実現し、ひとつながりの発展プロセスの中で発展してきた。たとえばドイツは既にインダストリー１・０、２・０、３・０を実現し、その上で今、４・０に向かってまい進している。ところが中国はすべてが後追いで一気に工業化・情報化・都市化・農業現代化を同時並行で実現しなければならない。言うならば、インダストリー２・０、３・０、４・０を同時並行で一気に発展させなければならないのである。したがって『中国製造２０２５』をドイツのインダストリー４・０と比較するのは間違っており、それどころか中国は、さらなる大きな困難を抱えているのである」とその違いを説明している。

しかし、このリスクをチャンスに変えていくのだと、習近平は決意の強さを譲らない。

第一章

世界トップに躍り出た
中国半導体メーカー

一、半導体産業に軍の影がちらつく理由

2014年に発布された半導体産業奨励策

２０１４年6月24日、中国政府は「国家集積回路（ＩＣ）産業発展推進綱要」（以下、「綱要」）を発布した。「集積回路」は、中国語では「集成電路」と称する。英語で書くとIntegrated Circuit、いわゆる「ＩＣ」のことである。

ＩＣなど、「今さら」説明するのも何だが、案外に分かっているようで分かってない部分もあるかもしれないので、ひとことご説明しておこう。

「集積回路（ＩＣ）」とは、トランジスタやダイオード、抵抗、コンデンサなどの電子部品を二つ以上集積して、元素半導体であるシリコンとか、化合物半導体であるガリウム砒素《ひそ》でできている半導体基板の上にまとめたものである。

したがって「綱要」は「国家ＩＣ産業発展推進綱要」と表現することもできれば、おおまかに「国家半導体産業発展推進綱要」と表現することもできる。ここでは公式な文書や行政名称に関しては、正確に「集成電路」に相当した日本語である「集積回路」を用いることとし、地の文、説明文では「半導体」と書くことにする。なぜなら、大きなくくりで言えば、「半導体産業」のことを指しているので、耳慣れた半導体の方がピンとくると思うからだ。ＩＣチップ

などに関しては、適宜、ICチップと書くこともある。

第一章で見たように、習近平は２０１３年初頭に中国工程院およびその関連省庁に「製造強国戦略研究」に関して諮問し、２０１４年1月に当時の馬凱副総理への答申を受けて、同年５月に河南省を視察した。そこで初めて〔２０２５〕を想定して「新常態」という言葉を使った。「綱要」が発布されたのは、その翌月ということになる。

実は、〔２０２５〕の「通知」では、半導体に関しては1カ所しか触れていなくて、〔２０２５〕の主たるテーマは半導体なのに、違和感がないではないが、半導体に関しては別途「綱要」でしっかり述べている。時系列的には少し逆行するが、「綱要」に関しては、この章で触れることにする。

「綱要」は「国家集積回路産業領導小組（指導グループ）を設立すること」、「国家産業投資基金の設立」および「安全で信頼できるソフト＆ハードウェアの使用普及の強化」を柱としている。中でも注目されるのは基金で、２０１４年9月24日に「国家集積回路産業投資基金」（以下、「基金」）という名称で正式に発足した。基金は主として大型企業、金融機関、民間資金を呼び込み、半導体産業の発展を重点的に支援し、工業のモデル転換や高度化を促す。

トランプは中国のハイテク企業への投資に関して国の関与が大きすぎるので、通商上不公平だと指摘している。しかし中国は一党支配体制の国。崩壊などによる体制転換でもない限り、抜本的な変革はしないだろう。

政策や資金の後押しを受けて、中小企業が90％以上を占めている半導体企業間で、Ｍ＆Ａ

（合併と買収）が活発に行われることになる。

また、中央政府のみならず、地方政府も相次いで半導体産業の支援策あるいは基金を名乗り出ており、これまで半導体チップ生産工場がある上海、深圳《しんせん》、武漢《ぶかん》、天津《てんしん》、安徽《あんき》、甘粛《かんしゅく》、山東《さんとう》、四川《しせん》に集中するだろうと、中国では予測されていた。半導体の製造装置産業が育ち始めている瀋陽《しんよう》なども新たな候補地となる。

軍民転換——自動車産業と中国人民解放軍

実はこの光景は、中国がＷＴＯ（世界貿易機関）に加盟する前夜の自動車産業の状況に非常に似ている。

まず中小企業の乱立からご説明しよう。

これは、改革開放直後における中国人民解放軍の１００万人削減に原因を求めることができる。中国人民解放軍は１９７９年に、兵士の規模で大きく優越すると自負してベトナムに侵攻した。ベトナムが中国の友好国であったカンボジアを攻撃したからというのが中国の言い分だ。しかしベトナム戦争で疲弊していたはずのベトナム軍を中国人民解放軍は打ち負かすことができず撤退。事実上の敗北だった。

そこで鄧小平は、無駄な兵士がだぶついているだけだとして、中国人民解放軍の１００万人削減を断行した。１９８０年代初頭は、この解放軍削減問題で党内が揺れ動いたが、最終的には１９８５年５月23日に開催された中共中央軍事委員会拡大会議で正式決定された。

ちなみに若き習近平は、いち早く解放軍の削減を内部情報としてキャッチしていたため、清華大学卒業（1979年）後に父親のコネで仕えていた中共中央軍事委員会秘書長で国務院副総理であった耿飈《こうひょう》の下を去るのである。習近平は1982年に父親の仲介で、河北省の片田舎の副書記になるという戦略的選択をして、こんにちまでの「紅い皇帝」への道を歩んでいる。そういう特殊なケースはいいだろうが、100万人もの軍人兵士が路頭に迷えば、どんなことが起きるか、誰でも想像できるだろう。

このときの鄧小平の戦略は、いま北朝鮮の金正恩《キムジョンウン》委員長が直面している軍への恐怖と対策に非常に参考になると思われるし、いまもなおそれが半導体産業基地に影響しているので、少し詳細に述べたい。

朝鮮戦争が休戦協定に入った1953年7月以降、中越戦争以外は中国は大きな戦争はしていない。中ソ対立があったために中ソ国境で小競り合いがあったくらいだ。しかし、いつソ連あるいはアメリカから襲撃があるか分からない。それに備えて、毛沢東は軍人に国内で武器を製造する軍事産業に従事させていた。こういった背景を逆利用して、鄧小平は一計を案じ、職を失った解放軍兵士の技術兵を中心として武器製造根拠地だった内陸部のあちこちで「自動車産業」を起こすように指示したのである。

これを「軍民転換」と称する。そのため、中小あるいは零細の自動車企業が乱立していた。

それまで中国には毛沢東（1976年逝去）が乗る以外の自家用車というか、ふつうの乗用車がなかった。車に関してだけ言うなら、あったのは軍用トラックとか軍用オートバイ、あるいは国営企業が大量に生産する製品を運ぶための大型トラックなどばかりだ。もっとも、庶民のための大型バスはあったが。

しかし中国がもしWTOに加盟したら、先ずは外車にかけていた100%という高関税を引き下げなければならないし、そうなると中国国産の乗用車を生産しないと、中国の自動車産業は絶望的となる。したがって何としても自動車、特に一般庶民が乗れるような乗用車の生産を振興させねばならなかったのである。

そのため、中小あるいは零細の自動車企業が乱立したわけだ。

しかしこのままでは、国際競争などに勝てるわけがないので、今でいうところの「M&A（合併と買収）」を始めることとなった。

中国には国営の自動車製造企業としては、1953年に吉林省長春市に設立した第一汽車（第一自動車、略称「一汽」）と1969年に湖北省に設立した第二汽車（第二自動車、略称「二汽」、のちの東風《とうふう》汽車）しかなかった。他の企業は、地方政府が管轄する大中小企業や民営の中小および零細企業など雑多なものが途方もなく乱立していた。これを「三大、三小、二微」に再編成し、乗用車製造を振興させるという戦略を実行に移した。それによって、中国の自動車産業は飛躍的に発展していくのである。

「三大」とは「一汽大衆、上海大衆、武漢神龍《しんりゅう》（東風汽車）」の三大企業のことで、「三小」とは「北京吉普、天津大発、広州標致」の三つの中小企業のこと。「二微」は「貴州航空工業総公司と長安鈴木」という「微小」企業のことを指す。

ところがこの「二微」を「微小」などと侮ってはならない。実は重慶と貴州の二つの軍事産業企業からスタートしたものなのである。

貴州航空工業総公司（のちの中国貴州航空工業集団有限責任公司）もスズキ（鈴木）と合併する前の長安機器製造廠も、航空宇宙領域の軍事産業系列を引いている。貴州航空工業総公司の総元締めである「中国航空工業総公司」の前身は国家中央行政の一つである「航空航天（宇宙）工業部」だ。１９９３年に行政機能を併せ持つ「中国航空工業総公司」（２００８年から「中国航空工業集団公司」）となった。

日本の「スズキ」があるのは奇妙に思うかもしれないが、実は80年代半ば、中国政府はＷＴＯ加盟に向けて、一般大衆も乗る乗用車の製造に力を入れるため、関係諸国に「どうか協力してくれ」と頼んだ。しかし、このとき日本の大手自動車企業は東南アジアの方を向いていて、中国の要求に応じなかった。小型車やバイクなどを製造していたスズキだけが手を挙げた。だから「二微」の中にスズキがある。

「大衆」という名の自動車製造会社名や車種が多いのは、ドイツの「フォルクスワーゲン」が中国の要望に手を挙げ、快く応じたからである。「フォルクスワーゲン」は「国民（一般庶民）のための車」という意味のドイツ語で、まさに中国の要求にもピッタリだったのだが、「国民」という漢字は中国建国までの中国共産党の最大の敵であった「国民党」を連想させるので、これを「大衆」と訳すことにしたためだ。それ以来、中国では「日本とドイツ」を比較するという国民感情に火をつける原因の一つを作ることにもつながっている。

その後、ホンダやトヨタが、あわてて中国の自動車市場に参入したという経緯がある。

なぜ半導体産業基地が内陸部に？

同じく「軍」に関係する事象として、「なぜ半導体産業基地が内陸部に密集しているのか」という現象にも触れておかなければならない。

これは毛沢東の「三線建設戦略」にある。

朝鮮戦争中、中国人民志願軍の勢いが優勢になると、国連軍の作戦司令官だったアメリカのマッカーサーは、中国に原爆を投下する用意があるとほのめかした。トルーマン大統領はそれを阻止してマッカーサーを解任し、休戦協定に持っていったが、毛沢東は忘れていなかった。

あれだけ強かった日本軍が、アメリカの原爆投下により降伏したのだ。

政敵である蔣介石が率いる国民党軍を弱体化させてくれることを喜び、むしろ日本軍の強さを礼賛していた毛沢東は、「原子爆弾」というものの威力を思い知っている。したがって万一にもアメリカが中国に原爆を投下するようなことがあったら、どんなに大規模な陸軍を持っていても勝ち目はない。

そこで毛沢東は、まずは原爆製造に全力を投入した。

そして1964年10月16日の朝5時に、原子爆弾を爆発させ、第1回目の核実験に成功する。中国政府は「これは中国人民が国防力を強化し、アメリカ帝国主義の核による恐喝、核威《い》嚇《かく》政策に反対する闘争の中で我が国が勝ち取った偉大な成果である」という声明を発表する。

ちなみに北朝鮮の金日成《キムイルソン》が核実験の技術を教えてくれと頼んできたが、毛沢東は一言の下に断わっている。

このとき中国はすでにソ連との関係が悪化し、いつソ連から攻撃されるか分からないという状況に置かれていた。したがって国境を接した北側にはソ連という敵が、東海岸には日米安保条約や米韓相互防衛条約を結んでいるアメリカがおり、南には台湾がある。まだ蒋介石が健在で、アメリカの支援を受けて大陸の攻撃を目論《もくろ》んでいた。

つまり毛沢東としては四面楚歌ならぬ、三面楚歌に陥り、内陸に立て籠《こ》もるしかなかったのである。この「北、東、南」を「三線」と称し、三線から中国を防衛するという意味で、この戦略を「三線建設」と称した。

湖北省に二汽が設立されたのは、そういう情況の中のことだ。

２０１４年の半導体産業の基金設立に当たって、なぜ中国では「上海、深圳、武漢、天津、安徽、甘粛、山東、四川に集中するだろう」と言われたのか。上海、深圳、天津、山東あたりなら、東海岸だし、特に深圳は改革開放の発端となった地なので、まだわかる。しかし「武漢、安徽、甘粛、四川」などは内陸部で、なぜそこにハイテク産業の根拠地があるのかは、日本人には理解しにくいかもしれない。

そのためには、右に述べた毛沢東の「三線建設戦略」と鄧小平の「軍民転換戦略」を知っておいた方が、中国の現在の半導体産業の実態をより深く知る上で、多少の助けにはなるだろうと思ってご紹介した。

地方分散の原因と地方政府間の競争

もう一つ、知っておいた方が良いと思われることがある。

それはなぜ自動車産業にしろ半導体産業にしろ、内陸深く分散して、かつ「直轄市・省・自治区」という行政区分で分割されている地方政府間の競争が激しいのかという問題だ。

中国は一党支配体制でピラミッド型になっているのだから、習近平が中共中央総書記としてひとこと命令を出せば中国全土が一気に動くだろうと、外からは思ってしまうかもしれない。ところが実際はそうはいかない。中国では地方政府の独立性がけっこう強くて、だからこそ、腐敗撲滅運動など叫んでも、なかなか根が深くて、撲滅にはほど遠い状況にある。

では、なぜ地方政府の力が強いのか。

それには二つの原因がある。

一つは毛沢東が三線建設戦略を推進していたときに「大分散、小集中」という号令を掛けていたことにある。中華人民共和国が誕生した初期のころは、鉄鋼業など重工業的な国営企業の多くは東北地方に集中していた。なぜならソ連が近かったからだ。だから一汽も吉林省の長春に建設された。もちろん「満鉄」や鞍山《あんざん》製鉄（元「満鉄鞍山製鉄所」）のように、日本が旧満州国時代に東北地方に残した素地があったことは否めない。さらに列強諸国の植民地時代には、上海や天津など、沿海部が重宝された。

そこで毛沢東は「東北や沿海部ばかりに生産性の高い工場を大規模に集中させずに、全国各地に分散させて、その地方を中心として小規模に集中的に生産基地を建設しろ」と命令したのである。そのために地方の鉄道建設などのインフラを充実させ、その沿線の都市ごとに特徴を持った生産拠点を作らせた。

一方、文化大革命（１９６６～76年）により、国家主席だった劉少奇《りゅうしょうき》が逮捕投獄されて凄惨な最期を遂げたくらいだったから、中央政府のコントロールは弱体化し、地方政府がそれぞれ自分のベクトルで動くという事態が生まれていた。

そこに毛沢東の「自力更生」スローガンが加わっている。各地方が自力で産業振興をしていくことが奨励され、産業的には地方分権的な状況が現出する。

「三線建設」＋「大分散、小集中」＋「自力更生」。

この三つがあって、地方政府が巨大化しない方がおかしい。

さらに１９７８年12月からの改革開放では、文化大革命により壊滅状況に近かった中国経済は弱体化し、国家予算で全中国を運営することは困難だったので、鄧小平は地方政府同士を競わせたのである。成果が良ければ「ご褒美」を出す。悪ければマイナス点。

その結果、まさに各人が「自力更生」をする勢いで「銭に向かって走り出し」、中国はだんだん豊かになっていったという側面は否めない。

その代わり、環境汚染があろうと賄賂《わいろ》がどれだけはびころうと、ともかくその地方行政区のＧＤＰの数値を上げていく。これが中国を「てっとり早く儲かる組み立て工場」へと走らせてしまった。もちろんＧＤＰ増加率を多めに書いて偽の数値を中央に報告するということが流布《るふ》したのは、言うまでもない。

2014年の半導体産業に関わる「基金」でも、早速地方が名乗りを上げ、湖北基金や安徽基金など、中央にも劣らないほどの基金が集まった。

二、世界トップ10にランクインした清華大学の紫光集団

2015年までは半導体メーカー世界トップ50の中にさえ、2社入るか否か程度の中国だったが、2016年には11社入り、また2017年にはファブレス半導体企業世界トップ10に2社入るに至っている。1社は清華大学の紫光集団「清華紫光集団」で、もう1社は華為(Huawei)傘下の海思《ハイスー》(HiSilicon《ハイシリコン》)社。後者は2018年には、Appleに次ぐ世界第2位になった。

いったい、何が起きているのか?

ここではまず清華紫光集団という典型的な元校営企業の内実を通して、中国の半導体産業がどのようにして発展してきたのかを考察してみることにする。そこから「中国という国」のもう一つの姿が浮かび上がってくるはずである。

清華紫光集団の位置づけ

清《しん》朝末期の1900年に義和団の乱という排外運動が起きたが、清王朝の女帝、西太后《せいたいごう》が義

和団の乱に便乗して、中国を侵略していた帝国主義列強に宣戦布告したため、清王朝と８カ国連合との戦争となった。開戦2カ月後に清王朝は壊滅的敗北を喫して、何年か先までの国家財産すべてを注いでも支払えない賠償金を列強諸国から求められた。39年間の分割払いになっていたが、国家が滅亡する以外にはなかった。

そのときにアメリカが西太后に同情し、優秀な中国人留学生をアメリカに派遣して親米派中国人を増やし、他の列強諸国よりも有利に中国を支配する目的で設立したのが清華大学である。１９１１年に留米（アメリカ留学）のために設立した留学予備校とも言うべき教育機関で、当初は清華学堂と称していた。

現在の中国語のピンインで表現するなら、「清華」は「Qing-hua」＝「チン・ホワー」だが、当時の発音表記の「Tsinghua」を用いて清華大学の英文表記をしたため、今でも清華大学だけは「Tsinghua University」という旧ピンインの英文名を使用する。

紫光集団（Tsinghua Unigroup、チンホワ・ユニグループ）の前身は、１９８８年に清華大学の校営企業「清華大学科技開発総公司」として誕生した。１９９３年2月13日に中共中央・国務院が「中国教育改革と発展綱要」（通称：「中国教育大改革」）を発布して産学連携を奨励すると、「大学」の文字を外して「清華紫光（集団）総公司」に改称。２００９年から２０１０年にかけて民間企業の「北京健坤《けんこん》投資集団有限公司」（董事長《とうじちょう》：趙偉国）と合併し、混合所有制形態に入った。

混合所有制というのは国有企業（または資本）と非国有企業（または資本）が合併して企業経

営を進める制度で、非国有企業（または資本）の中には中国国内の民間企業と外資企業がある。１９９９年9月の中国共産党第15回党大会四中全会（中共中央委員会第四回全体会議）で初めて国家政策として決議され、２００３年10月の第16回党大会三中全会でさらに「社会主義市場経済体制の整備をめぐる若干の問題に関する中共中央決定」を決議した。

清華大学は国家教育部直属の大学だったので、そのような国策の流れに沿って「国有＋民間」というモデルを示したわけだ。第一章で述べたことと重なるが、今では「国有持ち株会社」の株式制になっている。ただし、紫光集団の持ち株は51％で北京健坤投資集団有限公司の持ち株は49％という、この「50％」のラインでの「1％」の優劣は崩さないというのが、中国の混合所有制のときの鉄則である。

しかし、このケースの場合、趙偉国が清華大学の修士課程（電子工程系）にいた１９９３年から紫光集団の自動制御系統方面の工程師として兼業しており、かつその年の9月からは紫光集団総公司自動化工程事業部の副総経理にまでのし上がっている。

まだ中国の大学が国営企業（のちに国有企業）との「分配」関係の下に動いていた毛沢東時代の名残《なごり》があり、趙偉国が清華大学在籍中から、その校営企業であった紫光集団に「業余《ぎようよ》」という形態で勤めていたことが、それを物語っている。

「業余」というのは「本来の業務のあまりの時間に他の組織に勤務する」という、中国の大学が法人化するまでの過渡期の現象で、当時は「業余」形態の勤務が流行《はや》ったものだ。

先述の１９９３年に発布された「中国教育大改革」で中国の大学は法人化された。

この教育大改革までは、40大学ほどが国家教育部直轄大学として親方五星紅旗《ごせいこうき》で守られ国家の丸抱えだったが、93年から丸抱えでなくなったものの、国家教育部直属であることには変わりなかった。しかし、１９９５年に江沢民《こうたくみん》国家主席（当時）が「21世紀初頭までに１００の世界トップレベルに並ぶ大学を選定する」という「２１１工程」なるものを発布したので、教育大改革以前の教育部直轄の約40大学の位置づけも、「法人化」以外の変化を来すようになった。

21世紀に入り、結果的に１１２大学が「２１１工程大学」として承認され、教育部直属大学という概念はなくなった。その代わりに「９８５工程」（１９９８年5月に江沢民が言ったことから付いた科学研究費の支援）という別の制度がサポートするようになったので、どの大学も特許数などを競うようになっている（９８５工程の対象大学は約40大学。毎年審査して選抜する）。

「中国半導体の虎」趙偉国――紫光集団

その中で飛びぬけて実力を発揮し始めたのは清華大学で、それまで知の殿堂としてトップの地位を他に譲ったことがなかった北京大学は、ここに来て清華大学にその座を譲らざるを得なくなっている。

朱鎔基元国務院総理（１９９８年3月～２００３年3月）も胡錦濤元国家主席（２００３年3月～２０１３年3月）も現在の習近平国家主席（２０１３年3月～）も、すべて清華大学出身だ。過去20年間にわたって、国家のトップが連続して清華大学卒業生という非常に稀有《けう》な現象が続いている。たしかにその効果もあるだろう。

しかし、最も大きな貢献をしているのは紫光集団の趙偉国ＣＥＯではないだろうか。彼は「半導体の虎」という異名を持つ高い手腕の持ち主である。ファブレス半導体企業の世界トップ10にランキングされるところまで持っていったのは、趙偉国であると言っても過言ではない。

２００９年11月に紫光総公司と合併した北京健坤投資集団有限公司の董事長・趙偉国は、同時に紫光総公司の董事長を兼任することとなった。

そこからが凄い。

２０１３年にアメリカのナスダック市場に上場していた展訊通信有限公司（Spreadtrum、以下、スプレッドトラム）を17・8億ドルで買収してしまうのだ。

スプレッドトラムは上海市にある、数少ない半導体そのものを生産する企業だった。２０１１年には世界のファブレス半導体企業トップ17に入っていると中国財報は伝えた。ファブレス（fabless）とは、fab（fabrication facility）、つまり「工場」を持たない会社のことで、工場を所有せずに製造業としての活動を行う企業を指す造語およびビジネスモデルである。

一方、２０１２年4月、IC Insights の company reports は、２０１１年のファブレス半導体サプライヤー（原料供給企業）のトップ25を発表している。

表1によれば、世界ランキングの16位に、次に述べるハイシリコンがあり、17位にまちがいなくスプレッドトラムがある。

おまけにその成長率から考えると、表2に示したように、スプレッドトラムは世界ランキン

表1 2011年ファブレス半導体サプライヤーのトップ25社ランキング

2011ランク	2010ランク	2009ランク	企業名	本社	2009	2010	前年比(%)	2011	前年比(%)
1	1	1	クアルコム	アメリカ	6,409	7,204	12%	9,910	38%
2	2	3	ブロードコム	アメリカ	4,271	6,589	54%	7,160	9%
3	3	2	AMD	アメリカ	5,403	6,494	20%	6,568	1%
4	6	5	エヌビディア	アメリカ	3,151	3,575	13%	3,939	10%
5	4	6	マーベル	アメリカ	2,690	3,592	34%	3,445	-4%
6	5	4	メディアテック	台湾	3,500	3,590	3%	2,969	-17%
7	7	7	ザイリンクス	アメリカ	1,699	2,311	36%	2,269	-2%
8	8	10	アルテラ	アメリカ	1,196	1,954	63%	2,064	6%
9	9	8	LSIコーポレーション	アメリカ	1,422	1,616	14%	2,042	26%
10	10	11	アバゴ	シンガポール	858	1,187	38%	1,341	13%
11	13	12	MStar	台湾	838	1,065	27%	1,220	15%
12	11	13	ノバテック	台湾	819	1,149	40%	1,198	4%
13	15	16	CSR	ヨーロッパ	601	801	33%	845	5%
14	12	9	ST-Ericsson	ヨーロッパ	1,263	1,146	-9%	825	-28%
15	16	15	リアルテック	台湾	615	706	15%	742	5%
16	17	17	ハイシリコン	中国	572	652	14%	710	9%
17	27	67	スプレッドトラム	中国	105	346	230%	674	95%
18	19	19	PMCシエラ	アメリカ	496	635	28%	654	3%
19	18	14	ハイマックス	台湾	693	643	-7%	633	-2%
20	21	—	ランティク	ヨーロッパ	0	550	N/A	540	-2%
21	33	30	ダイアログ	ヨーロッパ	218	297	36%	527	77%
22	22	21	シリコンラボ	アメリカ	441	494	12%	492	0%
23	29	20	メガチップス	日本	445	337	-24%	456	35%
24	23	24	セムテック	アメリカ	254	403	59%	438	9%
25	24	23	SMSC	アメリカ	283	397	40%	415	5%
トップ25合計					38,242	47,733	25%	52,076	9%
トップ25以外					11,091	14,781	33%	12,811	-13%
ファブレス企業合計					49,333	62,514	27%	64,887	4%

※企業名をカタカナ表記した。　（単位:100万ドル）

出典:Company reports, IC Insights' *Strategic Reviews Database*
「EE Times」(Spreadtrum, Dialog, MegaChips shine in fabless rankings. By Peter Clarke)

表2 2011年ファブレス半導体サプライヤーのトップ25社の成長率ランキング

2011年ランク	企業名	本社	2010年	2011年	前年比(%)
1	スプレッドトラム	中国	346	674	95%
2	ダイアログ	ヨーロッパ	297	527	77%
3	クァルコム	アメリカ	7,204	9,910	38%
4	メガチップス	日本	337	456	35%
5	LSIコーポレーション	アメリカ	1,616	2,042	26%
6	MStar	台湾	1,065	1,220	15%
7	アバゴ	シンガポール	1,187	1,341	13%
8	エヌビディア	アメリカ	3,575	3,939	10%
9	ハイシリコン	中国	652	710	9%
10	セムテック	アメリカ	403	438	9%
11	ブロードコム	アメリカ	6,589	7,160	9%
12	アルテラ	アメリカ	1,954	2,064	6%
13	CSR	ヨーロッパ	801	845	5%
14	リアルテック	台湾	706	742	5%
15	SMSC	アメリカ	397	415	5%
16	ノバテック	台湾	1,149	1,198	4%
17	PMCシエラ	アメリカ	635	654	3%
18	AMD	アメリカ	6,494	6,568	1%
19	シリコンラボ	アメリカ	494	492	0%
20	ハイマックス	台湾	643	633	-2%
21	ザイリンクス	アメリカ	2,311	2,269	-2%
22	ランティク	ヨーロッパ	550	540	-2%
23	マーベル	アメリカ	3,592	3,445	-4%
24	メディアテック	台湾	3,590	2,969	-17
25	ST-Ericsson	ヨーロッパ	1,146	825	-28%
トップ25合計			47,733	52,076	9%
トップ25以外			14,781	12,811	-13%
ファブレス企業合計			62,514	64,887	4%

※企業名をカタカナ表記した。　（単位:100万ドル）

出典:Company reports, IC Insights' *Strategic Reviews Database*
「EE Times」(Spreadtrum, Dialog, MegaChips shine in fabless rankings. By Peter Clarke)

グで1位なのである。なんと、世界トップだ！

趙偉国は、このスプレッドトラムに目を付けたのである。そしてその技術を紫光が所有する形態にしてしまった。

「紅い半導体」を支えた留米帰国人員

ではなぜ、スプレッドトラムは、ここまでの成長を遂げることができたのか？

それこそが第三章で述べる「全地球を覆う中国の人材市場ネットワーク」なのである。

カリフォルニアのシリコンバレーには、多くの元中国人留学生である留学人員たちがいる。全員、博士学位を持った優秀な頭脳で、まさに半導体そのものや半導体製造装置など、中国が大量に生産するハイテク製品のキー・パーツを構成するコア技術の持ち主たちだ。

「留米」というのは「米国留学」のことで、中国では「米国」は「美国」というので、中国語で正確に書くなら、「留米」ではなくて「留美」である。本書では「留美」を「留米」と書くことにする。「留米帰国人員」は「アメリカに留学して中国に帰国した元中国人留学生」のことである。

江沢民は胡錦濤・温家宝《おんかほう》政権をつぶして、代わりに２００６年まで上海市の書記だった陳《ちん》良《りょう》宇《う》を、その座に就かせようと虎視眈々《こしたんたん》と狙っていた。江沢民の長男、江綿恒《こうめんこう》は上海の名門、復旦《ふくたん》大学を卒業後、１９９１年に留学先のアメリカ・ペンシルバニア州のフィラデルフィアにあるドレクセル大学で博士学位を取得した。92年に中国に帰国した彼は、江沢民政権時代の99年に中国科学院副院長に就任するとともに、中国網絡（ネットワーク）通信有限公司（CNC）等、通信関係の企業を独占するに至るだけでなく、台湾の宏力《ホンリー》半導体製造有限公司（通称：グレース・セミコンダクター。GSMC）の共同経営に乗り出している。

このように江沢民は自分の息子を出世させるために、半導体産業に力を入れていたという、奇妙な現象がある。

陳良宇は2006年3月、上海市で留米帰国人員に対して「上海科学技術進歩賞」を授与するほど、アメリカのコア技術の中国への「持ち帰り」に力を入れていた。

一等賞を受賞したのが、なんとアメリカのシリコンバレーから上海市に戻り、スプレッドトラムで働いていた武平博士が率いる研究開発チームだった（彼の同僚、陳大同博士もアメリカから戻ってきた留学人員の一人だ）。彼は「アジアでは最初の2G／2・5G（GSM／GPRS）携帯用コア・チップのSC6600を、持ち帰った技術で開発し、海外勢に独占されていたコア技術の壁を打ち破った」というのが、受賞の理由である。果たして頭に蓄えた知識で製造したのか、はたまた「お持ち帰り技術」そのものかは、「内部事情」なので定かではないが、いずれにせよ、「発信地」はカリフォルニアのシリコンバレーであることは、まちがいがない。

進歩賞授与式で陳良宇は「2005年末までに上海市に帰国した留学人員は6万人に達し、3250社が上海市で登録申請を出しており、毎月平均30社以上が上海市でベンチャー企業を起こしている」と述べている。それほどにスプレッドトラムには、「お持ち帰り技術」が満ち溢れていたわけだ。

授与式でのスピーチから3カ月後の2006年9月に、陳良宇は逮捕され、獄中の身となった。江沢民が策略をめぐらせて、当時の胡錦濤国家主席を引きずりおろし、陳良宇を中共中央総書記および国家主席の任に就かせようと謀《はかりごと》をしていたことが判明したからだ。陳良宇が捕まったので、江沢民がやむなくその代替に持ってきたのが、習近平なのである。

習近平の今日の地位があるのは、江沢民のお蔭であることを忘れてはなるまい。

このスプレッドトラムを胡錦濤や習近平の母校である清華大学の紫光が買収合併してしまったのだから、皮肉なものだ。これは国家が動くような衝撃的な出来事だった。

そんなことを、次から次へとやってのけるのが、趙偉国という男だ。

2014年7月には、「鋭迪科微電子有限公司《ルイディ》」(RDA Microelectronics, Inc. 以下RDAと略称)を9・07億ドルで買収してしまう。RDAは、2004年4月に上海市浦東《ほとう》張江ハイテクパークに設立された半導体製造企業だ。2011年11月11日にはアメリカのナスダック市場に上場している。上場株式コードはRDA。

このRDAを創設したのも、やはりアメリカ帰りの留学人員、魏述然である。

魏述然は、アメリカのシリコンバレーでアナロジックス・セミコンダクター(Analogix Semiconductor, Inc. 中国語では硅谷数膜公司)という会社の副総裁を務めていた。セミコンダクター(semiconductor)というのは半導体という意味である。ズバリ半導体製造に携わっていたのだが、このアナロジックス・セミコンダクターというのは同じくアメリカに留学した楊可為博士と共に創設したものである。つまり留学人員がシリコンバレーで企業を創設したというケースに相当する。

魏述然は1998年から2002年まで、同じくシリコンバレーにあるMarvell（マーベル）半導体という企業の集積回路（IC）設計の経営支配人を務めていた。それ以前の1994年から1998年まではLSI Logicという会社で総合電子回路設計に関する仕事に従事している。珍しく北京大学で物理学を学び、アメリカではミネソタ州立大学で修士学位を取得している。彼は中国政府の呼び掛けに応じて中国に帰国し、2004年に上海市の浦東にRDAを設立した次第だ。

これらの留米帰国人員によって、中国で設立された数少ない半導体企業を二つも買収して、紫光集団は、さらに大きく成長していく。

傘下に置いたドイツ半導体メモリメーカー「キマンダ」

非常に複雑な関係にあるので、省略したいとも思ったが、どれだけ中国が、あるいは習近平の母校である清華大学が世界中をわが手の中に掌握しようとしているか、そして、どのようにしてそれを達成したのかを知るために、もう少し辛抱して、お付き合いを願いたい。

西安には「西安紫光国芯《こくしん》半導体有限公司」という清華紫光集団傘下の会社がある。「芯」は半導体チップの「チップ」の中国語表現で、「芯片」と訳されることが多い。

この経緯が複雑だ。

「西安紫光国芯半導体有限公司」の前身は「西安華芯半導体有限公司」。ドイツのキマンダ

(Qimonda AG) という半導体メモリメーカーから発展したということができる。中国語で「キマンダ」は「奇夢達」(qi-meng-da) という漢字を当てている。

実は、１９９９年にドイツのミュンヘンに「インフィニオン・テクノロジー (Infineon Technologies AG、以下インフィニオン。中国語では『英飛凌』)」という半導体メーカーが誕生した。２００６年5月に、このインフィニオンの半導体メモリ部門から独立して設立したのがキマンダである。

一方、２００３年にインフィニオンのストレージ事業部が西安に設立されていた。「ストレージ」というのは「貯蔵、保存」といった意味で、パソコンで言うならば、「ハードディスクやＵＳＢメモリなどに保存する機能」を指す。ネット上で保存するクラウドもその一つである。中国語では「存儲《そんちょ》」(cun-chu) と書く。このストレージ事業部門もインフィニオンから独立してキマンダになったことに伴って、西安にあったインフィニオンのストレージ事業部も、「キマンダ科技 (西安) 有限公司」として独立して経営するようになった。

ところが、２００８年のリーマンショックなどの影響からキマンダの経営が傾くと、中国の浪潮集団有限公司 (山東省) が２００９年にキマンダ (西安) 有限公司を買収し、「西安華芯半導体有限公司」と改称した。

２０１５年に清華大学の投資ファンドである「清華控股有限公司」が投資し、「紫光国芯株式公司」に「西安華芯半導体有限公司」を買収させて、「西安紫光国芯半導体有限公司」と改名した。英語表記ではUnigroup Guoxin (Guoxin は国芯《グオシン》) と略称し、半導体メモリを製造するようになった。つまり、清華大学の紫光集団およびその傘下の半導体メーカーでは、半導体メモリ製造が可能になったということである。

このように紫光集団は、アメリカやドイツの半導体に関するコア技術をさまざまな形で獲得し、「自給自足」を始めているということが言える。

２０１７年末になると、「西安紫光国芯半導体有限公司」は、独自開発のＤＤＲ４メモリを製造するようになり、２０１８年から大量生産を始めると宣言した。

ちなみに２０１８年６月14日に習近平は、山東省済南ハイテク区にある浪潮集団のハイエンド誤作動耐性コンピュータ生産拠点を視察している。つまり浪潮集団は、今では最先端のＩＴ企業に成長しており、２０１７年にはサーバー生産量としては世界で第３位、中国では第１位を誇る。前節の「基金」の個所に「山東省」が入っているのは、これ故なのである。

ヒューレット・パッカードを傘下に

紫光集団は、〔２０２５〕が発布される前年（２０１４年）の「基金」誕生により、２０１５年２月に、「基金」と国家開発銀行から総額３００億元（約４８６０億円）の戦略的協力の意向を取りつけた。つまり投資を受けることになったということだ。その後10年間で11兆円の投資も受けることが合意されている。これを「産学連携」ならぬ「産融連携」と中国では称している。「産業と金融との連携」という意味だ。

紫光集団は、そのホームページで、「紫光集団は、産融連携により中国半導体産業の母艦を打ち建てていく」と、誇らしく書いている。

2015年5月21日、紫光集団は傘下の「紫光股份有限公司」を通してアメリカのヒューレット・パッカード傘下の「新華三公司」を25億ドルで買収し、紫光集団の傘下として「新華三集団」を運営していくと発表した。買収と言っても、紫光集団が51%、新華三が49%という割合で株を保有するという契約に合意したという形だ。

これにより紫光集団は、ヒューレット・パッカードの中国におけるサーバー、ストレージおよび技術サービスなどの法人事業（紫光華山科技）と、ヒューレット・パッカードの中国における子会社である杭州華三通信技術が持つインターネット機器やサーバーあるいはストレージ製品などを販売する会社としての機能を併せ持つことになった。

2016年5月6日から正式に始動しはじめた。新華三が持っていた5700件に上る特許が紫光集団のものとなった。

長江存儲（ストレージ）科技有限責任公司を傘下に

毛沢東が「三線建設戦略」に基づいて、1969年、内陸の湖北省に「第二汽車（二汽）」を設立したことを本章の一で書いたが、二汽はのちに武漢市に移り、東風汽車と改称された。「東風」というのは「中国共産党の紅い風」という意味で、1949年に新中国が誕生する前から「東方紅」（ドン・ファン・ホン）という歌が毎日のように歌われていた。

中国では「東」は「紅い思想」が「太陽のように昇る」革命の方向であり、「西」は「西側諸国の汚染された精神」がある方向なので、「東側から吹いてくる風が、西側の精神汚染物を吹き飛ばしてくれる」(東風が西風を圧倒する)のでなければならないのである。

二汽が東風汽車と改名したのは、1992年9月。毛沢東が他界してから、既に16年の年月が流れていた。しかし、改革開放が始まったのは1978年12月で、天安門事件が起きたのは1989年6月4日。それによって冷え切った中国経済を立て直そうと老体にムチ打って鄧小平が南巡講話に出かけて、市場経済に向けて檄を飛ばしたのが1992年1月から2月にかけてである。

「紅い中国」への惜別か郷愁か――。

毛沢東の思いがこもっている二汽を「東風」という名称にした背景には、「もし毛沢東が生きていて、社会主義の紅い国家・中国が、こともあろうに敵国・資本主義の市場経済へと突き進もうとしていることを知ったら、どれだけ激怒するだろう」という思いと、せめてもの〝詫び〟の情があったのではないかと、革命戦争を生き残ってきた者には思えるのである。

さて、この東風汽車が移った武漢市の地域は、1991年に着工し、1993年に「武漢経済技術開発区」として国務院に批准されて栄え始めた。2010年10月、このやや右側(東側)に「武漢未来科技城」が誕生した。近くには光谷バイオ城もある。

ここに入ったのが、紫光集団が新たに傘下に置いた「長江存儲(ストレージ)科技有限責任公司」(以下、長江ストレージ)だ。

2016年7月、紫光集団は、2006年に設立された大手半導体メーカーである「武漢新芯集積回路製造有限公司」（以下、武漢新芯）を「基金」と湖北省半導体産業投資基金および湖北省科技投資集団有限公司などと共同出資をして、「長江ストレージ科技有限責任公司」を立ち上げたのだ。

紫光集団の株保有率は、51・04％。圧倒的発言権を持っている。2018年8月30日の時点で、第二期拡張工事が始まっているが、その投資額は17・8億元（約290億円）とのこと。

長江ストレージは、「NAND型フラッシュ・メモリ」やマイクロ・コントローラなどを生産している。「NAND（ナンド）」とは「パソコンやデジタルカメラ、携帯音楽プレーヤー、携帯電話などのデータを保存するために使われている記憶媒体の一つ」で、「Not AND」の略。「Yes or No」の結果を出せる電子回路の仕組みだ。NAND型フラッシュ・メモリは、この仕組みを使った記憶用の半導体である。振動や衝撃に強いだけでなく、データの読み書き速度が速く、消費電力も少ない。記憶の大容量化が可能なので、AI（人工知能）の開発には欠かせない。特に中国はビッグデータを駆使して監視体制を強化しているので魅力的だろう。「基金」の手厚いサポートを受けている。

2018年4月24日から28日にかけて、習近平は湖北省の宜昌《ぎしょう》、荊州《けいしゅう》や武漢などを視察した。26日に武漢東湖のハイテク新区に行き、長江ストレージの半導体チップ生産ラインを視察した。そして習近平は「われわれはどんなことがあっても、コア技術を自分の手の中に掌握しなければならない。自力更生が肝心だ」と話した。

本章の一で述べたように、毛沢東が文化大革命のときに常用した「自力更生」という言葉を使ったために、習近平が文化大革命の再来を狙っていると分析する中国研究者がいるが、とんでもない話だ。そもそも文化大革命は、時の劉少奇政権（劉少奇国家主席）を転覆させるために起こしたもので、毛沢東が「政府転覆」を狙ったものだ。習近平が自分の政権を転覆させることなど考えるはずもないだろう。その根本を理解しないで、何かと言えば「文化大革命」という言葉を使いたがる中国研究者がいることに驚く。加えて、習近平が言うところの「自力更生」は、〔２０２５〕を達成させるための激励の言葉であって文化大革命とは関係ない。

長江ストレージの趙偉国董事長も感じ入って、「今年の10月には、我が国で初めてのわれわれ自身に知的財産権がある（＝自分たちが開発した）32層の３次元ＮＡＮＤ型フラッシュ・メモリをこの工場で生産し、量産する計画だ」と報告した。そして「５年か長くても10年の時間があれば、われわれは全世界の半導体産業の中で必ず重要な位置を占めるようになり、３次元フラッシュ・メモリの最も重要なサプライヤーとなる」と決意を新たにした。

事実、アメリカのIC Insightsは２０１８年１月、２０１７年におけるファブレス半導体メーカー売上ランキングのトップ10を発表している。それによれば、表３に示すように、紫光集団（Unigroup）は10位ながらも、トップ10の仲間入りをしている。

７位にランクインしているハイシリコンこそは、次節で述べる「華為（Hua-wei、ホァーウェイ）」専属の子会社だ。

半導体生産において、世界のトップ10に中国のメーカーが２社も入るというのは、恐るべきことだろう。〔２０２５〕は完遂するかもしれないのである。

表3　2017年のファブレス半導体トップ10社売上ランキング

2017年ランク	企業名	本社	2016年全IC	2017年全IC	2017/2016前年比
1	クァルコム	アメリカ	15,414	17,078	11%
2	ブロードコム	シンガポール	13,846	16,065	16%
3	エヌビディア	アメリカ	6,389	9,228	44%
4	メディアテック	台湾	8,809	7,875	-11%
5	アップル*	アメリカ	6,493	6,660	3%
6	AMD	アメリカ	4,272	5,249	23%
7	ハイシリコン	中国	3,910	4,715	21%
8	ザイリンクス	アメリカ	2,311	2,475	7%
9	マーベル	アメリカ	2,407	2,390	-1%
10	紫光集団**	中国	1,880	2,050	9%
トップ10合計			65,731	73,785	12%
その他			24,694	26,825	9%
ファブレス企業の売上高総額			90,425	100,610	11%

（単位:100万ドル）

※企業名をカタカナ表記した。

* 製造工場から内部使用用に供給されたカスタムチップ　** スプレッドトラムとRDMを含む

出典:Company reports, IC Insights' *Strategic Reviews Database*

なお、２０１４年7月に紫光集団に買収された上海のＲＤＡの創設者がアメリカのシリコンバレーで副総裁を務めていたアナロジックス・セミコンダクター（総裁は楊可為博士）は、２０１７年４月に北京山海昆侖資本管理有限公司によって、5億ドルで買収されてしまった。こうしてコア技術も人材も、つぎつぎと中国に吸い込まれていく。

こういった中国の現状に対してトランプは２０１８年6月27日、外国企業による対米投資を審査する既存の「対米外国投資委員会（CFIUS）」による審査厳格化によって対応すると正式表明し、CFIUSは、8月13日に「２０１

8年外国投資リスク審査現代化法」を成立させて、権限を強化することとなった。中国だけを狙い撃つと、中国でビジネス展開をしているアメリカ企業が中国から締め出されるという報復を受ける可能性があるので、こういう形を取っているが、実質上は「中国が米企業買収や米企業への投資によってアメリカの知的財産を侵害していることを何としても阻止したい」ということが目的である。

たしかに清華紫光集団の激しい吸収合併を見ていると、ここでストップを掛けなければならないというのが手に取るように見えてくる。

それに比べて次に述べるハイシリコンの場合は、状況が少し異なるかもしれない。

三、もう一つのトップ10、華為(ホァーウェイ)の頭脳ハイシリコン

中国のネットには「海思(ハイスー)よ、あなたこそが中国の芯だ!」という言葉が目立つ。「芯」の意味は、先述したように半導体の「チップ」で、その発音は「心」と同じく「シン」だ。

つまり、これは「海思よ、あなたこそが中国の心だ!」ということを言っているのである。

そして、この「海思」の英語表現がHiSilicon(ハイシリコン)、華為(ホァーウェイ)の頭脳である。ホァーウェイの子会社で、独立に研究開発をしているものの、その成果はホァーウェ

イのためにしか使わない。中国の他の半導体メーカーには一切売らないのである。

中国の一般庶民の心は、なぜかホァーウェイに熱い。その対象は海思に集中している。「翼よ、あれがパリの灯《ひ》だ」にたとえて、「海思よ、お前こそが中国の灯だ」という言葉をネットで見かけるほどだ。

実際に、中国の若者たちに「華為に関してどう思うか」を聞いてみた。すると、「私たちは華為を応援しています。華為は頑張っていますよ」という答えが戻ってくる。ただし、ＺＴＥ（中興通訊《ちゅうこうつうじん》）は嫌いだそうだ。

「ＺＴＥはバカなんですよ。誰もＺＴＥには同情していません」

と、これもほとんど異口同音に冷たくあしらっている。

中国政府関係者にホァーウェイとＺＴＥに関して聞いてみた。すると、

「トランプには中国のハイテクに負けたくないという強烈なライバル心がある。だから中興にも華為にもイチャモンを付けてきているのだ。それはアメリカと、それに追随する西側諸国の考え方であり、中国とも事実とも関係ない。われわれは国企（国有企業）だろうと、民企（民営企業）だろうと支持し、守る。当然のことだ」

と、鼻息が荒い。

アメリカ、特にトランプ政権が、あそこまで批判し、議会を通したり、大統領署名までして（国防権限法などで）取引を禁止しているＺＴＥとホァーウェイに関しては、もう書くのをやめようかと一瞬迷ったが、しかし、中国の若者や中国政府関係者の声を直接聞くことによって、

逆に興味が湧いてきた。これは何か面白いことが見えてくるかもしれない。

真実にどれだけ近づけるのかは分からないが、挑戦してみようと思う。

そもそも間違っている「華為」の日本語表記

まず、「華為」の読み方からして、そもそも気に入らない。

「華為」の中国語のピンインは、「Hua-wei」。日本語で読めば「ホァーウェイ」だ。

たとえば「茉莉花」のピンインは「Mo-li-hua」。これを「モァーリーファ」と読む人はいないだろう。「モァーリーホァ」だ。「H」なのである。「F」ではない。

house の発音記号は「háʊs」、日本語表記では「ハウス」だ。これを「ファウス」と表記する人はいないということと同じ程度に、「ファ」ではなく「ホァ」だ。日本語で「ファ」と発音するときは唇と前歯を使って発音する。しかし、たとえばドイツ語の「Gute-Nacht（おやすみ）」を日本語のカタカナで書くとき、「グーテ・ナハトゥ」と書く。この「ch」のアルファベットに対するカタカナは「ハ」である。私は英語やドイツ語、特に中国語の発音をカタカナ表記するのが大嫌いだ。絶対に元の発音を表現することはできないからだ。

それでも、この「ハ」を発音してみてほしい。

前歯や唇の先を使うだろうか。使わない。鼻の奥と喉の筋肉を使って発音する。だというのに、日本で「Hua-wei」を「ファーウェイ」とカタカナ表記していることに、腹立たしいほどの違和感を覚えた。中国大陸で日本人として生まれ育った私は、この発音で何度も自殺に追い込まれるような苦しみを味わったことがある。新中国誕生後、少しでも発音が土着の中国人的でないと分かると、「侵略戦争を犯した日本帝国主義の子供」として「日本鬼《ルーベングイ》子《ズ》！　日本狗《ルーベンゴウ》！」（日本の鬼畜生）として罵倒《ばとう》され、石を投げられ、唾を吐きかけられて育った。正確に発音できるか否かは、死に追い込まれるか否かに近い闘いだった。だから発音には神経質で、「ファーウェイ」などという表記は私には、どうしてもできない。

　ところが華為ジャパンのホームページを見て驚いた。

なんと、「ファーウェイ」と書いてあるではないか。

「なにごと？」と信じがたい思いがよぎったので、念のため「華為ジャパン」に電話して聞いてみた。電話を受けてくれたオペレーターは非常に親切で、かなり時間をかけて然《しか》るべき部局に聞いてくれたようだが、「どうも、はっきりしない」という。なんでも中国の本部の方で誰かが名称を決めて「華為ジャパン」を立ち上げたらしく、最初の情報源までなかなかたどり着けないとのこと。

　それなら仕方がない。きっと中国で多少の日本語を心得ている人がいて、日本人のために発音しやすいようにと「ホァ」ではなく「ファ」にしたのか、あるいは少ししか日本語が分からないスタッフが、「ホァ」と「ファ」の区別がつかないという事情があったのかもしれない。

　ただし、「Hua-wei」の日本語表記が「ホァーウェイ」であることは譲れないので、本書ではあくまでも正しい発音「ホァーウェイ」で一貫する。ちなみに、しつこいが、英語のテレビニュースでは「Hua-wei」を英語読みで「ホァーウェイ」と発音している。「ファーウェイ」

(Fa-wei) としているのは、全世界で日本だけである。

華為技術有限公司が躍動した理由

華為のフルネームは「華為技術有限公司」だ。英文名はHuawei Technologies Co. Ltd. である。

1987年に広東省深圳市で民営企業として創設された。深圳市は経済特区として改革開放を先導してきた都市で、香港と接している。ここを改革開放の拠点としたのは、習近平の父親の習仲勛《ちゅうくん》で、彼が鄧小平に提案したからだ。鄧小平はなんとか改革開放を進めたいと思っていたが、70年代末はまだ毛沢東の影響が色濃く残っており、「社会主義国家の人民が金儲けをする」などということは、考えられない時代であった。

そこで習仲勛は延安における革命戦争時代に、その周辺を「革命特区」として革命の地を築いて成功したことにヒントを得て、当時、広東省中国共産党委員会の第一書記や広東省人民政府の省長などを務めていたことから、香港に最も近い広東省の深圳や珠海《しゅかい》、あるいは華僑《かきょう》を生み出した地である汕頭《スワトウ》などの一帯に「経済特区」を設けてはどうだろうかと、鄧小平に提案したのだ。

鄧小平は当時、香港返還に向けてイギリスのサッチャー首相と交渉をしていたので、中国を香港のような経済的に繁栄した国にしたいと考えていた。鄧小平は習仲勛のアイディアを高く評価し、一気に「経済特区」構想が走り始めたのである。

時は、鄧小平が「軍民転換」を行って、解雇された中国人民解放軍１００万人の「転職先」に悩んでいた時期とも重なる。軍民転換は主として技術を持っていた「工程兵」を対象に行われている。一般の足軽《あしがる》級の兵士ももちろんいたが、解雇した人民解放軍の「工程兵」などを、先述した自動車産業に従事させようとしていた。

その中にホァーウェイを創設した任正非《にんせいひ》がいたとしても、全く不思議ではない。特別なことではないのである。

１９４４年に貴州《きしゅう》省の極貧の片田舎で生まれた任正非は、１９６３年に重慶建築工程学院（現在の重慶大学）に入学した。あと1年で卒業できるときになって、文化大革命（１９６６〜76年）が起きてしまう。父親は中学校の教員をしていたが、一応、「知識人」の範疇《はんちゅう》に入ることから逮捕投獄された。あわてて投獄先の労働改造所に行くと、父親は「私のことに構わず、どんなことがあっても勉学に励んでくれ」と息子を諭した。任正非は再び重慶に戻って電子計算機やデジタル技術、自動制御などの専門を自学で学んだ。文化大革命が始まると、すべての高等教育機関は閉鎖されてしまったからである。

知識人が迫害される中、「工農兵」といって「工人（工場労働者）、農民および兵隊」だけは迫害から逃れることができたので、任正非は兵隊になって難を逃れようと、中国人民解放軍に入隊する。入隊すれば衣食住は軍隊が負担するので、一応、面接のようなものがある。重慶建築工程学院で学んだことを告げると、「基礎建築兵」に配属された。「工程兵」の一種だ。

最初の仕事は、フランスの建築会社のプロジェクトを手伝うことだった。１９６４年にいち早く中国と国交を結んでいたフランスは、Debnis Svesim companyという化繊工場の施設を中国の東北にある遼寧《りようねい》省に建設しようとしていたので、その完成のために派遣されたのだった。

技術が高かったので、やがて技術員、工程師、副所長になり、軍としての如何なる軍階もないまま「解雇」されたのである。

すなわち鄧小平の「軍民転換」政策により、中国人民解放軍の100万人削減が始まっており、1983年になると任正非は解放軍から解雇されて、深圳にある南海石油後方勤務サービス基地に配属された。しかし仕事の内容があまりに面白くなく、任正非は周りから借金したりなどして2万1000人民元をかき集めて、1987年にホァーウェイを創立する。わずか2万元（日本円で約30万円）の資金しかない、小さな、小さな民間会社だ。

このころは国営企業の不振により、多くの従業員が「下崗（シャーガーン）」（現役の職位から下りる）という形で自宅待機を命ぜられ、至るところに失業者が溢れていた。なんとか食い扶持《ぶち》を得ようと、雨後の竹の子のように小さな会社が立ち上がっては消えて淘汰《とうた》されていく。農村から都会に出稼ぎに来た農民工は、仕事を得ようと駅の周りや大きなホテルの周りにたむろして、誰もが殺気立っていた。

そのような中、ホァーウェイが生き残った理由には、大きく分けて二つあると思われる。

一つは通信機器開発やサービスを会社の柱としてスタートしたことで、もう一つは「従業員持ち株制」だ。

前者に関しては当時中国では、固定電話があるという家はほとんどなかった。改革開放前は、国営企業の中に従業員の宿舎もあったので、呼び出しにより電話がある事務室まで走っていけばよかったし、大学も全員がキャンパス内にある寮に住んでいたから、これも呼び出されたら走って管理人のところまで行けば何とかなった。

改革開放後は、多くの国営企業が破産に追い込まれ、淘汰されて残った国営企業を株式会社化して国有企業にすると同時に、どこに住めばいいのかという問題も起き、「○○さん、電話ですよー」という呼び出しに頼ることもできなくなったので、街角のタバコ屋さんとか新聞売場などが電話の仲介の役割を果たす現象も一時的に現れた。

それからポケベルの時代に入り、そしてやがて携帯電話時代へと突入していくのである。

したがって、当時はまだ中国の総人口は11億人強しかいなかったが、「中国は固定電話の時代を経ずに、いきなり携帯電話の世界に突入した」のだ。まさに後発の利で、携帯電話のニーズが、どれほど大きかったかは計り知れない。

したがって、ホァーウェイが携帯電話などのインフラ整備に必要な通信機器を開発し、販売するということを初期目的として会社を設立したのは、時代のニーズを先読みした、誠に賢明な出発点であった。

２０１８年8月1日の香港（ＣＮＮ）によると、ホァーウェイのスマホの出荷台数は米アップルを抜いて世界2位に躍り出たとのこと。調査会社の米ＩＤＣ、シンガポールのカナリス、英ＩＨＳマークイットによると、ホァーウェイの4～6月期のスマホ出荷台数は前年同期より

40％以上増え、約5400万台を記録したという。

二つ目の「従業員持ち株制」というのも、従業員の働く意欲を強化する意味で、すばらしいアイディアだ。ホァーウェイ総裁の任正非自身の持ち株は1・3％で、残りの98・7％の株主はすべて従業員なのである。だから従業員の働くモチベーションを高め、優秀で若い人材を惹《ひ》きつけていく。会社の収益が増えれば、給料以外に株の収益が従業員のポケットに入るのだから、なんとしても会社全体を成長させ発展させていこうと思うだろう。こうして働くモチベーションをこの上なく高めてくれる。だから任総裁はホァーウェイを上場させないのだという。おまけに会長は3人いて輪番制で、半年に1回ごとに代わる。だから我欲による腐敗が起きない。

その社風は研究開発と製品に表れ、若者の購買層をも惹きつけることになる。

ホァーウェイが受賞などするたびに、ネットには「ああ、我が華為！　華為！　華為！」「中華民族の誇りだ！」といった、感極まったコメントが溢れる。それが本章三の冒頭の若者たちの声でもあると思う。

こうして、起業当初のホァーウェイの顧客は、中国電信、中国移動、中国網通（網はインターネット）、中国聯通などの中国企業が中心だったが、1997年に香港のハチソン・ワンポアと海外契約を得たのを皮切りに、2000年代以降はブリティッシュ・テレコム、ドイツテレコム、テレフォニカ、テリア・ソネラ、アドバンスト・インフォ・サービスおよびシンガポール・テレコムなど、全世界の大企業向け事業も大きく展開して、世界のホァーウェイとして一気にグローバル化していく。

２０１２年には売上高でエリクソンを超えて、世界最大の通信機器メーカーとなっている。製品によっては世界シェア1位だ。特にスマホにおいては、出荷台数、シェアともに世界3位であり、２０１７年には世界シェアでアップルを抜いて世界2位になったこともあった。

毎年、売上高の10％以上を継続して研究開発（R＆D）に投資するなど、先端技術開発への投資が旺盛であることもホァーウェイの特徴だ。最近のデータで、全従業員数18万人の45％が研究開発に従事しており、２０１５年の研究開発への投資額は合計５９６億７０００万人民元（約1兆１０５７億９８５万円）にのぼった。これは、売上高全体の15・1％に当たり、過去10年間の研究開発への投資額は、累計で２４００億人民元（約4兆４５２０億円）を超えているという。２００８年に初めて国際特許出願件数世界1位になり、２０１５年末のホァーウェイ特許申請数は中国国内で5万２５５０件、中国国外で3万６１３件となっている。約１７０カ国に進出しており、各国に研究所を設けている。

専門家を驚かせたホァーウェイの飛躍

日本には優れた半導体の研究者やメーカーが多い。それらのコア技術を使ったハイテク製品の製造に関しても一時は世界を席巻したものだが、今では販路や経営などに関してスピード感を失い、残念ながら中国に押され気味だ。

ただ、日本のコア技術そのものは今も高く、専門家たちが展開する評論もすばらしい。たとえば「エンジニア論点」を連載しておられる服部毅氏、日経BP社などでよく講演をなさるテカナリエの清水洋治《ひろはる》氏、あるいは「EE Times Japan」に評論を書いておられる微細加工研究所の湯之上《ゆのがみ》隆氏など、その豊富な知識により分析する深い洞察は、実に適切に中国の現状を指摘していて、尊敬に値する。

私が中国の土着の感覚で追いかけている中国の裏事情から行きつく結果と、彼等の分析結果が、最終的には一致していくのも心強く、興味深い。

さて、こういった専門家たちが異口同音に強調し、驚いているのは、中国半導体産業の驚異的な発展のスピードなのである。

私が中国生まれの中国育ちであり、かつては中国政府のシンクタンク中国社会科学院で客員教授を務めていたことから、「アイツは親中だ」とネットで罵倒する人もいれば、『毛沢東 日本軍と共謀した男』(新潮新書)などで「中国共産党の嘘」を徹底して暴いたものだから、「アイツは反中、反共だ!」と、これもまたネットで叩かれたりする。「親中」と「反中」の両方を非難されるのなら、ちょうど「中立」だということが分かっていいのかもしれないとも思う。

しかし、〔2025〕を解剖するに当たり、また「親中」とか、「中国を褒めすぎ」などと、謂《いわ》れなき非難を受けるのも不本意だし、何よりもここに書いている内容が事実であることを信じてもらわないと困るので、日本の第一級の専門家たちの客観的な見解を引用させていただこうと思う。

まず、日経エレクトロニクス社が２０１７年年2月に開催したセミナー「半導体回路の分析から、中国エレクトロニクス企業の技術力を探る」という講演内容を、田中直樹氏が「わずか６年で世界トップに　中国半導体メーカーの実力」というタイトルでネット公開しておられるので、ホァーウェイに関係する部分だけをピックアップしてご紹介しよう。

講師の清水洋治氏は、以下のように述べておられるとのこと。


――スマートフォンの利益率で韓国Samsung Electronics社を抜き、米Apple社に次いで世界２位となった巨大メーカーが、中国・深センに本社を構えるHuawei Technologies社です。同社のスマホから、中国エレクトロニクス企業の技術力を見ていきます。

中国のスマホメーカーと言えば、Xiaomi社やOppo Electronics社も有名です。これらのメーカーのスマホも優れた製品ですが、チップセットは米Qualcomm社または台湾MediaTek社から購入したものを使っています。中身はまだ〝中国〟ではありません。

ところが、Huawei社は傘下にHiSilicon Technology社という半導体メーカーを持っています。同社が２０１２年に突然「K3V2」というチップを発表したのですが、この発表の中で驚くべきことがありました。当時、150Mbps、LTE Cat.4に対応しているメーカーは世界中に1社もなく、Qualcomm社でさえCat.3、100Mbpsまでの対応だった中で、HiSilicon社はいきなり150Mbps対応のチップを発表したのです。

プロトタイプができただけだろうと思っていたら、すぐに日本で、このCat.4を搭載したWi-Fiルーターが当時のイー・モバイルから発売されたのです。中国が世界で最も速い通信用チップを一番先につくってしまったということで、とてつもない衝撃を受けました。それ以降、HiSilicon社は世界のひのき舞台のトップグループに躍り出て、現在もトップ中のトップをひた走っています。

Qualcomm社が「Snapdragon」の新製品を出せば、HiSilicon社は「Kirin」の新製品を出す。スマホ用プロセッサーにおける世界トップレベルの激しいスペック競争の中に、中国メーカーが入ってきたのです。Qualcommなどの名だたるメーカーを席巻する勢いで、中国の半導体メーカーが台頭、躍進する。こうした状況が、２０１３年以降、続いています。

（ここまでが引用。文中のQualcommはクァルコム）


専門分野のテクニカルタームには難解なものもあろうが、「中国が世界で最も速い通信用チップを一番先につくってしまったということで、とてつもない衝撃を受けました。それ以降、HiSilicon社は世界のひのき舞台のトップグループに躍り出て、現在もトップ中のトップをひた走っています」という表現を見れば、どれだけハイシリコンが凄いのかということは、素人目にもわかる。

表4　2017年 中国IC関係企業の収益ランキング

2017年ランク	企業名	収益額 2016年	収益額 2017年	前年比
1	HiSilicon（ハイシリコン）	303	387	27.72%
2	Unigroup Spreadtrum RDA（ユニグループ・スプレッドトラムRDA）	125	110	-12.00%
3	Sanechips（ZTE Microelectronics）（セインチップス）	56	75	33.93%
4	Huada Semiconductor（ホワダー）	47.6	52.3	9.87%
5	Goodix（グーディクス）	30.79	39.25	27.48%
6	Beijing Smartchip Microelectronics（北京スマートチップ）	35.6	38.74	8.82%
7	Silan Microelectronics（スーラン）	23.75	27.33	15.09%
8	WillSemi（ウィルセミ）	21.61	23.57	9.08%
9	Vimicro（バイミクロ）	20.5	22.5	9.76%
10	GigaDevice（ギガデバイス）	14.89	21.24	42.67%

※企業名を（　）内にカタカナ表記した。　（単位:100万ドル）
注:1）中国本土に拠点のある企業のみのランキング。
2）中国企業による買収過程にあるOmniVision、ISSIなどの企業は含まない。
出典:Trend Force, 2017/11

実は中国語のネットでも限りない讃辞が数多く出ていて、清水洋治氏の講演内容とほぼ同様のことが書いてある。ただし「HiSilicon」は「海思」で、「Kirin」は「麒麟」と、それぞれ漢字を使って表記している。またその競争ぶりの一覧表が図解してあり、熱の入れようが尋常ではない。中国語のネットからは、まるで我が事のように誇らしく思っているのが伝わってくる。

それらの長い解説やコメントには、以下の表が添付されている場合が多い。

２０１７年における中国のＩＣ関係企業の収益（revenue）に関する中国内におけるランキングだ。調査したのはTrend Forceである。情報源を明記すれば、ここに記載しても許されると思うので、表4として記すことにしよう。

1位がホアーウェイのハイシリコンで、

2位がUnigroup（紫光集団）傘下のスプレッドトラムRDAだ。しかもその差がすごい。倍以上ではないか。

なぜ、このようなことになったのか、ハイシリコンとは何者ぞ。

それを、もう少し詳細に見てみよう。

中国の若者を惹きつけるハイシリコン

まず、日本の読者が少し驚くであろうことを、最初にご紹介する。

いま世界を席巻しているハイシリコンの総裁は、女性である。

1969年生まれなので、まだ49歳。この本が出版されるころには50に届いているかもしれないが、ともかくまだ若い。

ようやくその写真を見つけたのでここに掲載したいが、著作権者が見つからないので、非常に残念ながら断念する。文字で表現するなら、実に知性的で飾り気がなく、研究にいそしんでいる印象を与える。しかし彼女は研究者と言われるのを嫌い、自分を「工程師」と位置付けている。「工程」にはいろいろな意味があるが、この場合は「技術者」、エンジニアと言っていいだろう。

なぜなら「研究者あるいは学者は、この世にある物を対象として研究するが、工程師は、この世にない物、なかった物を創り出すのが仕事だからだ。私はそれがおもしろい」と、彼女は言う。

彼女の名前は、何庭波《かていは》。

北京郵電大学で修士学位を取得したあと、1996年にホァーウェイに入社し、半導体チップデザイン業務の総工程師を務めた。もう少し詳細に言えば、部局名はホァーウェイのＡＳＩＣ（Application Specific Integrated Circuit、特定用途向け集積回路）デザインセンターである。

２００４年10月にその部局から独立して「海思半導体有限公司（HiSilicon Technology Co., Ltd）を立ち上げた。あくまでもホァーウェイのための研究開発部門としての位置づけで、他のいかなるメーカーにも売らない。ホァーウェイのためにのみ研究開発する。おまけにホァーウェイの任総裁とハイシリコンの何総裁の考えが異なるような、何か合わないようなところがあるのかというと、そうではない。二人とも、「総裁」でいるより、「自分はあくまでも工程師だ」という精神文化を持っていて、気質的にもピッタリ一致しているのである。

それならホァーウェイの一部局のままでよかったのではないかと、外からは思うが、そこが違うらしい。

ホァーウェイの一部局だと、たとえば顧客と約束した期限までの納入とか相手が要求しているデザインとか、会社全体として受けるさまざまな制約の中で、研究開発部局がそれに合わせていかなければならない。それでは純粋な研究開発に特化して、制限を受けずに世界の最先端を目指す新しいものを創りあげていくことができない。

何庭波はそう考えて、独立を提案した。ただし、ハイシリコンの研究成果はホァーウェイにしか渡さないという約束の下で。

任総裁も全面的に何庭波の提案に賛成。二人はエンジニア根性に徹底しているのである。任総裁も、自分は総裁ではなく一工程師だ、という言葉を使うのが好きだ。

こうして今では、ハイシリコンは2万人ほどの工程師を抱えるチームになっており、任総裁はその研究開発費に年間4億ドルを出していると言われている。

結果、世界トップのQualcomm（クァルコム）社と肩を並べるところまで成長していった。

「海思」という名から思うこと

私はこの「海思」という二文字が気になった。

また海外の研究成果を「頂いて」ないか、アメリカのシリコンバレーとの関係はどうなっているのか、本書執筆のための多くの時間は、この追跡に費やされた。それがないと、ここまで成長することはないのではないかという疑念も、正直心の奥では去来していた。

それに「海」という文字があの広大な「大陸」で出てくるのは、何か特殊な意味があるはずだ。「思」という文字もそうだ。「故郷は遠きにありて思うもの」と言うではないか。

90年代半ばから90年代末にかけて、私はアメリカのシリコンバレーをはじめとした、世界中に散らばる中国の頭脳たちを取材して、次章で述べる『中国がシリコンバレーとつながるとき』（日経BP社、２００1年）という本を世に出したことがある。中国がＷＴＯに加盟する前夜のことだ。そこで博士学位を取得して海外の大企業に就職したり、あるいは自分で起業したりしている人たちの多くから聞いた「郷愁」の思いと、「私は中国を愛していても、中国は私たちを愛してはくれない」という言葉が、ズシリと胸に響いた。その人は涙を浮かべていた。

「海外にいて、祖国を思う……」

これは故郷を遠く離れた者にしか共有できない心だろう。

「海思」の二文字には、何かそういった心が込められているように思われてならない。

絶対に何かあるはずだ。

鬼のようになって探していると、ようやく何庭波総裁が新入社員への挨拶の中で、ひとこと触れているのを見つけたのである。それもいわゆる歓迎の挨拶ではなく、「さあ、疑問があったら何でも質問しなさい」という交流会のような挨拶だ。

そこで彼女は次のように言っている。

――私たちは国内各地だけでなく、世界とつながっています。そして必要が生じれば、どこにでも行きます。たとえば、私は入社したその日から半導体チップの製造に取り掛かりましたが、2年後の1998年には上海の研究所に行かなければならない事態に迫られました。無線通信に関する研究拠点が上海にあったからです。そこで私は一人で上海に行き、そこのチームの仲間入りをして研究開発に没頭しました。ようやく成果が出て、深圳に戻ってまた半導体の研究開発に没頭しましたが、しばらくすると任総裁にアメリカのシリコンバレーに行ってこいと言われたのです。私はシリコンバレーに2年間出向しました。この2年間で私が学んだものは多く、半導体設計の大きなギャップを思い知らされました。その後、全世界から多くの多彩な人材を吸収するに至りました。

このように言っているのだ。

やはり、そうだったか！

「海の彼方から祖国を思う」、その思いで人材を集めたにちがいない。

ようやく合点がいった。

もちろん、たとえば日本人の若者が海外に留学して、そこで学んだものを日本に持ち帰り、就職や起業や研究開発に役立てて悪いのかといったら、そんなことはない。それがダメだと言うのなら、人材的には鎖国状態になる。その国は伸びないし、国際社会に適応できなくなるだろう。

しかしホァーウェイの場合、二つの要因において、いまアメリカから非難されており、取引禁止を命じられている。

一つはホァーウェイの背後には中国の「軍」がおり、機密情報を軍に流しているということで、二つ目は技術の面でスパイ活動をしているという嫌疑だ。そうでないと、ここまで発展したのはおかしいと断定している。

まず一番目の嫌疑に関して言うならば、80年代初期における鄧小平の中国人民解放軍100万人削減計画に沿って「軍民転換」が実施され、自動車工場などのほとんどは、解雇された元解放軍兵士たちが担ってきたことは、詳細に前述した。もしこれを「軍と関わっている」というのならば、中国の民間の大小の技術系企業のほとんどは、「軍と関わっていた」ということになろう。

また現在、背後に軍があるとすれば、何かしら資金的にも軍が出資していなければならないが、株主の98・7%が社員であるというホァーウェイの特殊な経営方法を見る限りにおいて、そこには軍が付け入る隙はないのではないだろうか。

日本のウィキペディアなどに、「設立当初、軍人が集まって投資した」と書いてある。そのため日本で記事や評論を書くときなどは、接頭語のように「背後に軍があるとされているファーウェイは」という書き方をするくらいだ。

解雇された元兵士たちが一人で多くの資金など持っているはずもないので、くり返しになるが解雇された者同士が2万人民元をかき集めたとしても、不思議ではない。当時はこんな「小銭を出し合うこと」を以て「軍人が集まって投資した」と表現するのだろうか。

スパイ活動に関してだが、ホァーウェイは純粋な民営企業だ。おまけに若者たちが研究開発に燃えて人生を賭けている。実はハイシリコンには、「阿尔法（アルファ）網絡安全（サイバー・セキュリティ）実験室」というのがあり、自ら自社製品のセキュリティをチェックしているらしい。

昔の教え子（中国人留学生）から聞いた話だが、なんでもホァーウェイの携帯を使っていたらウィルスにやられて、次から次へとさまざまなソフトがダウンロードされ、高額のお金を要求される羽目になったユーザーがいたという。それは大変だというので、怪しいサイバーにやられないようにセキュリティをチェックするための実験室が立ち上がったとのことだ。実験室名の先頭にある「阿尔法」の文字があるのとないヴァージョン「網絡安全実験室」というのもあるので、どちらが正しいのかは分からないが、何しろ「網絡安全工程師」募集をしており、そこには担当者の携帯番号やメールアドレスまで書いてある。つい電話をして確認したいという衝動に駆られてしまう。しかし中立性を保つために、Hua-wei の日本語の読み方以外は、どこにも取材をしていない。肩入れしているように誤解されるのが嫌だからだ。

話を戻そう。

ハイシリコンの総裁、何庭波は新入社員に対して述べた挨拶を、次のような言葉で締めくくっている。

――創造することに価値を見出して下さい。あなた方の技術と知識をホァーウェイに注いでください。ホァーウェイは、あなた方がいるからこそ美しく輝くのです。あなた方は高速鉄道のような動力車に乗ったのではなく、あなた方がその先頭の運転席にいるのです。運転するのは、あなた方なのです。ホァーウェイは、あなた方が輝かせるのです！　自分の人生を美しく輝かせることが、ホァーウェイを美しく輝くことにつながる。期待しています！　ありがとう！

感動の拍手が湧き、中国の多くの若者が、この言葉に限りない讃辞を送った。

こういう「工程師文化」という精神文化の中で、人生を賭けている若き頭脳たちが、今日のホァーウェイを生み出し、成長を支えている。そのような中に「スパイ活動」をして、如何なる精神的満足を得ることができるだろうか。軍に密告して、どんな得をするというのだろう。疑念を持ちながらスタートしたホァーウェイに対する追跡だったが、真実に近づこうと闘った結果、その疑念が薄れつつあるのを否定することができない。

四、半導体製造装置の国産化を見落とすな

「あの人が帰ってきた！」

中国のネットには「遂にあの人が帰ってきた！　もう日米は中国に勝てないだろう！」という文章が、一時期、盛んに散見された。

「あの人」って誰のことを言っているのかと、ふと関心を持って調べたことがある。その人の名は「尹《いん》志《し》堯《ぎょう》」。別の名をDr.ジェラルド（Dr. Gerald）。

シリコンバレーで長年にわたって腕を磨いてきた半導体装置製造業界の権威だ。彼は2004年に中国上海市に帰国して、ＡＭＥＣ（Advanced Micro-Fabrication Equipment Inc）という半導体製造装置の会社を創りあげた。中国語の会社名は「中微半導体設備（上海）有限公司」。Dr.ジェラルドは、そのＣＥＯである。

彼の名前を知っている日本人は、あまり多くないだろう。

そこで、まずは彼の略歴をご紹介しよう。

1944年に北京で生まれた尹志堯は、北京四中（1907年創設）というエリート学校で中学、高校を過ごし、優秀な成績で卒業した。1962年に、当時はまだ北京にあった中国科学技術大学の化学物理学系に入学。この大学は、中国政府のアカデミーの一つである中国科学院の傘下にある二つの大学の一つで、1958年に毛沢東が核開発や宇宙工学等を学ばせるために建てた大学である（もう一つは毛沢東他界後の1978年に設立された中国科学院大学）。

1964年に中国が原爆実験に成功したことからもわかるように、中国の科学技術の発展は、実は周到に計画されていた。ソ連との仲が悪くなり、本章の一で述べたように毛沢東が「三線建設戦略」を推進し始めた時期に、中国科学技術大学は内陸の安徽省合肥《ごうひ》市に移された（1969〜70年）。だから〔2025〕の根拠地の一つが安徽省にあるわけだ。

1966年に文化大革命が始まったので、尹志堯の大学生活は一度中断されたが、卒業間際だったため、ギリギリで難を逃れ、卒業後に蘭州市の煉油工場に分配され（分配：国家が就職先を決めること）、その後、中国科学院の蘭州物理化学研究所に回された。文革が終わると、1980年、北京大学の化学系で修士学位を取得し、親戚たちの支援のもと、アメリカのカリフォルニア大学ロサンゼルス・キャンパスの大学院博士課程に留学するのである。

3年後に博士学位を取得したあとは、16年間、ひたすらシリコンバレーで半導体関係の業務に没頭した。得意分野は、エッチング技術や半導体製造装置の研究と製造である。

「エッチング」というのは半導体に精密な凹凸を形成するための装置だ。１００nm（ナノメートル）から１０００nm程度のごく細い幅で、深い溝を彫るなどの微細加工技術が必要とされる。エッチングは大きく分ければ、薬液に浸けて加工を行うウェットエッチングと、プラズマを利用したガスによって加工するドライエッチングという２種類がある。「1nm＝1/1,000,000mm」という超、超微細な単位を扱う「ナノ」の世界だ。

「半導体製造装置」というのは、半導体デバイスを製造するために必要な「製造装置」のことで、やはり「ナノ」の世界。これがないと、スマホやパソコンなど、ハイテク製品は製造できない。

私のような素人にも意味が通じるように説明するならば、「デバイス（device）」とは、パソコンを例にとるなら、パソコンを構成している「電子部品や装置」のことで、この場合は、ＣＰＵ（Central Processing Unit 中央演算処理装置）、メモリ、ハードディスク、ビデオカード、キーボード、マウス、モデムおよびその他の記憶装置……などなど、すべてデバイスだ。ＣＰＵ自身から見た部品や装置（キー・パーツ）をデバイスとみなすこともある。

スマホやパソコンなどのハイテク製品は、半導体デバイスを製造するための「半導体製造装置」というものがないと作れない。こういった基礎知識をもとに話を進めていこう。

尹志堯は１９８４年にインテル社の主要な技術開発に参加し、１９８６年にはラム・リサーチ社にてエッチング技術の開発と導入に携わり、数々の主要製品の先駆けとなった。その後、半導体製造装置に関しては世界最大のメーカーであるアプライド・マテリアルズ社（ＡＭＡ

T、Applied Materials, Inc.）に13年間在籍して、徹底して半導体製造装置の腕に磨きをかけた大物だ。その間、副社長、エッチング製品事業グループのゼネラルマネージャー、アプライド・マテリアルズ・アジアのソーシングと調達部門の副社長およびＣＴＯ（最高技術責任者）などを歴任している。

半導体産業は、半導体工場を立ち上げたあと、大量の「半導体製造装置」を搬入しなければならない。中国では半導体工場は建設ラッシュを迎えているものの、「製造装置」はまだ日米欧からの輸入に依存している企業が多いので、アメリカから輸出を制限されたら中国は困るだろうと、半導体分野の専門家は見ている。どうせ、中国の半導体産業は、この「製造装置」がネックとなり、破綻《はたん》するか成長困難な状態に陥るだろうというのが、大方の見方だ。

ところが、この「半導体製造装置」の世界ナンバーワンのアプライド・マテリアルズ社で13年間も働き、そのコア技術をひっ抱えて、中国に戻ってきたのが、この男、尹志堯、Dr.ジェラルドなのである。

それは、２００４年1月のことだった。

このとき、すでにアメリカで取得した特許数は60件以上だったという。

彼自身が研究開発した成果と、彼がシリコンバレーにおいて指導的立場で関わってきた成果を合わせると、半導体製造装置やエッチングなど微細加工分野では、世界の50％を占めると言われている。そのため、彼は「シリコンバレーにおける最も功績の大きい華人」として名を馳せていた。

90年代後半から2000年の晩秋まで、シリコンバレーで活躍する中国人博士たちの現状を調査してきた私は、何度もこの尹志堯の名を聞いている。取材しようとしたのだが、そのときはまだ、次章でご紹介する留米帰国人員リストの中に入っていなかったし、中国政府の国家人事部による呼びかけによって作成されたネットワークのリストにも載っていなかった。だから彼が帰国を決意したのは、おそらく2003年あたりではないかと推測する。

もしシリコンバレーにい続ければ、安定した高収入と、世界最高の半導体製造装置を製作し成長させていくエンジニアとしての満ち足りた研究生活が保障されていたことだろう。しかし彼は安定した高収入と優雅な晩年を放棄して、中国に戻ってきたのである。60歳になり、「やはり最後は祖国に奉仕したい」という、捨てきれない祖国への思いが彼を駆り立てたのだと彼自身が吐露している。

アメリカの空港における税関チェックで、彼が携帯していた、自分自身が描いた製造プロセスや設計図は取り上げられることはなかった。これは彼自身の研究と発明の結果、創りあげた資料である。この資料と彼の頭の中に入っている知識があれば、中国でエッチング製品や半導体製造装置製作などの事業を展開できるはずだ。

おまけに彼の志に賛同した30人の勇士たちが、行動を共にしていた。その中にはアメリカ人の顧問弁護士もいたというから、さすが特許と訴訟の国、アメリカから戻ってきただけのことはある。

しかし、ゼロからの再出発は容易ではなかったという。帰国するとすぐに上海で「中微半導体設備（上海）有限公司」を立ち上げはしたものの、資金集めに苦労したそうだ。

ある日、タクシーに乗ったときに、運転手に「歳はいくつか」と尋ねたことがある。38だという。「38かぁ……、いいなぁ。いや、そうだ！　私も今日から自分は38歳だと思うことにしよう。30人の仲間たちも、みな38歳だと思えばいいんだ」と唐突に言い出して自らを元気づけ、前に進み始めた。毎日、16時間は働いた。「絶対に中国を世界一の半導体強国にしてみせるという気概に燃えていた」と、のちに語っている。さもなかったら、60になってから祖国に戻ってきた甲斐がないと思ったそうだ。

高齢になってからの仕事へのモチベーションは、気概だ。気概さえあれば、多少の体力の衰えと、人生の残り時間への焦りは乗り越えられる。いや、忘れて自覚しなくなると言った方が正確か。そうこうして仕事に没頭している内に、気が付けば物事が前に進んでいるものである。いつの間にか、時間も年齢も忘れているものだ。

海外の競争相手が毎年7、8億元の投資を行って、同領域の製造や研究開発に従事しているというのに、彼の手元には数千万元程度の資金しかなかった。

しかし、この絶対的に不利な状況下でも、尹志堯は気概を捨てなかった。

起こりえないことが起き始めた

周りの人々の支援や中央テレビ局ＣＣＴＶの番組に出たことなども手伝って、２００４年５月31日に尹志堯は、３億６９３５万３２７３米ドルの資金で「中微半導体設備（上海）有限公司」AMEC（Advanced Micro-Fabrication Equipment Inc）を正式に創設したのである。場所は、上海市浦東新区金橋出口加工区（南区）泰華路188号。業務内容は、半導体製造装置とプラズマ・エッチング（プラズマを利用したガスによって加工するドライエッチング）の製造だ。

それから数年もしないで、「AMECは5nmのデバイスに対応できるドライエッチング製品を、まもなく生産できる体制に入っている」という情報が中国のネットに飛び交い出した。世界最先端でも10nmか最高で7nmを狙っているというのに、そんなことが可能なのか。

AMECのホームページを見ると、22nm以下に対応可能と書いてあるので、これは控え目に公開しているのだろうと思われる。

ただ、トランプ政権が2018年4月17日に、中国の国有企業であるZTE（中興通訊）に向こう7年間の取引禁止を発表すると、中国のネットは燃え上がった。

多くは「やるなら、やれ！　中国には華為と中微がある！」と叫んでいる。

「中微」は、中国人が「中微半導体設備（上海）有限公司」AMECを指して言うときの略語だ。

中国の一般庶民の感覚として、ホァーウェイ、特にその頭脳であるハイシリコンと中微（AMEC）を応援する声が高い。誰もZTEには関心を持たないし、先述した中国の青年を取材したときの「ZTEはバカだから！」という、吐き捨てるような反応が一般的だ。

そして異口同音に言うことは、「トランプが中国の半導体産業の猛進を加速させた」という視点だ。それは、残念ながら、真実に近い可能性を孕《はら》んでいる。

２０１８年10月にＡＭＥＣの上海本社のホームページにアクセスしてみたところ、同年８月31日までの統計で特許件数が９５５件となっている。２０１８年は８月31日までに84件、２０１７年は１５５件、２０１６年は１６６件、２０１５年は１３９件、２０１４年は１２０件、２０１３年は１０２件、２０１２年は78件……と延々と続く。２００７年ではわずか13件で、２０１１年あたりから増え始めている。

この勢いは止まりそうにない。ＡＭＥＣはアメリカからは知的財産権侵害だとして訴えられたようだが、今では和解済みだと中国のネットにはある（ちなみに、日本支店のホームページには特許件数として74件とあるが、これは２００８年までの総計に近く、かなり古いデータが掲載されているようだ）。

「あり得ない！　実現したら大変なことになる！」――日本の専門家

日本の「微細加工研究所」の所長を務めておられる湯之上隆氏は、私が尊敬する専門家の一人だ。彼が２０１８年８月９日にネットで公開している「半導体開発だけではない：製造装置の国産化を加速する中国」（「EE Times Japan」）には、非常に興味をそそることが書かれている。

まず、冒頭辺りに以下のようなことが書かれている（念のため、湯之上氏にはネットで公開しているメールアドレスに「ネットで公開しておられる情報の一部を、出典を明らかにして本に記載してもいいか」という問い合わせを何度かしたが、残念ながら返事がない。ネットにある電話番号にも問い合わせてみたところ、それは同名の他社だった。一般にわれわれが学術論文を書くときは、出典を明らかにしさえすれば、「誰それが、どういう論文で、何を書いている」という内容を一部転載していいことになっているので、黙認下さっているものとして、以下に湯之上氏の論評の一部を掲載させていただくことをお許し願いたい）。

――中国では、半導体工場が建設ラッシュを迎えつつある。半導体工場を立ち上げたら、次は、大量の製造装置を搬入しなくてはならない。ところが、後述するように、製造装置も材料も、中国は日米欧に依存している。

そのような中、米中のハイテク貿易摩擦が激化しており、「米政権が米国の製造装置の輸出制限を出す」との観測がある（日経新聞２０１８年6月19日）。もし、それが現実になったら、中国は半導体をつくることが困難になる。米国が売らないなら、その分を日本が売ればいいという考えもあるが、米国装置に性能が及ばない装置分野もあるし、それよりも、米国が日本に「装置や材料を中国に売るな」と圧力をかけてくる可能性もある。

ところが、上記のような事態を見越してか、中国は、製造装置や材料の国産化を着々と進めていた。それは筆者の想像を超えた次元に到達していた。

本稿では、まず、半導体工場が建設ラッシュとなっている中国が、地域別の製造装置市場で世界最大になりつつあることを明らかにする。（まず、ここまでが引用）

とある。それでいながら湯之上氏は後半で知人を取材したりしながら、「中国が製造装置を作れるなんて、そんなことがあり得るはずがない」という主旨のことを何度も反復し、ドライエッチングなど、最も高度で実現困難な技術なので「実現するはずがない」とも悩んでおられる。

しかし、最後に上海にあるAMECに行きつき、以下のように驚きを隠せないでいる。

——ところが、上海に本社を置くAdvanced Micro-Fabrication Equipment（AMEC）という製造装置メーカーのWebサイトには、ドライエッチング装置「Primo AD-RIE」が22nm以下の微細加工に対応できると掲載されている。もし、その記載通りなら、現在の世界の最先端が10～7nmであることを考えると、かなり最先端に近い実力を有していることになる。

もしかしたら、筆者の知人の予想より早く、中国メーカーがクリティカルな工程に進出してくるという可能性もある。（ここまで引用）

まさに、その通りだ。

それにしても、私が土着の感覚から、地を這うような追跡で人物を追いかけて行きついた事実と、湯之上氏のようにその道の専門家が華麗に展開する考察の中から出てきた着地点が、「ある一つの事実」という「一点」において一致するのは、なんとも嬉しい限りだ。

私は同じ物理の中でも、統計物理学というマクロな分野が専門であり、コンピュータシミュレーションで分子間相互作用などは計算したが、半導体に関しては素人に等しい。劣等感のようなものにさいなまれながら、まぶしく関係専門家たちの論考を読ませていただいている。
湯之上氏は、AMECのCEO尹志堯（Dr.ジェラルド）が13年間も在籍していたAMATの社員を取材しているようだ。そして、次のように書いている。

――しかし、これらの技術に精通した技術者が5〜6人いて、数年あれば、量産に適用できる装置ができてしまうかもしれないという。AMATには中国人が多いが、彼らが装置技術を体得した上で、中国に戻ってAMATの装置をデッドコピーする可能性がある。

AMATでは、技術者があまり良い目を見ない（出世するのは営業やマーケティングの人間だ）。そのため、AMATの中国人技術者が、帰国して装置をつくる可能性は高いといえる。（ここまで引用）

AMATまで行きついているのに、AMECのCEO尹志堯が、まさにそのAMATにいた「中国人技術者」（で、しかも幹部）だったことを、ご存じなかったのだろうか。5〜6人ではなく、尹志堯は30人もの仲間を引き連れて中国に帰国しているのである。「デッドコピー」ではない。彼自身が研究開発者であり、特許の持ち主だ。

こういった事実は、中国の内部での追跡からしか見えてこないのかもしれない。だとすれば、半導体分野の専門家に、本書で書いた事実を知っていただき、新たな論考を展開してほしいと期待する。

以上、本書ではいくつかの典型的な半導体メーカーの例を挙げて、定点観測を通して中国の内情を考察したが、最後に中国半導体産業に関して、全国には四大地区があることをご説明しておきたい。その４つとは、以下に示す「長三角」「環渤海」「汎珠三角」および「中西部地区」である。

長三角地区：長江流域の三角州である上海を中心として江蘇省、浙江省両省を含む。南京、蘇州など。
環渤海地区：北京を中心として天津、大連、山東省などを含む。京津《けいしん》渤海地区とも。
汎珠三角地区：珠江流域の三角州。深圳を中心として広州、珠海などの地区。広く福建を含めることも。
中西部地区：武漢（湖北省）、西安（陝西省）、成都（四川省）、合肥（安徽省）など多岐にわたる。

それぞれの地区に産業分野ごとの特徴もあり、それに沿って、「基金」の割り当ても決定されている。２０１８年夏季に第１期目の基金配分が終わって、第２期目の募集と審査に入った。

なお、中国ではＡＩ（人工知能）やドローンあるいはIoT（Internet of Things。あらゆるものがネットにつながる。「物のインターネット」）なども盛んだが、いずれも半導体そのものの話ではなく、それらコア技術を使ったハイテク製品に関する話なので、本書では省略する。もっとも、５Gを含めて、ハイテク製品の開発は半導体の開発によってもたらされるので不可分の関係にあるが、カバー範囲が膨大になるので、「製品」に相当する部分に関しては第四章で述べる宇宙開発に留めることとする。

ＺＴＥに対するトランプの決断と日本

最後に中国通信大手の国有企業ＺＴＥ（中興通訊。Zhongxing Telecommunication Equipment Corporation）に関して触れておこう。

トランプ大統領は２０１８年8月13日、「２０１９年度の国防権限法」（以下、権限法）に署名した。権限法ではＺＴＥとホァーウェイに関して、向こう7年間の取引禁止を命じた。政府職員や政府とビジネスをする可能性のある企業は両者の製品を使ってはならない。理由はいくつかあるが、そのうちの一つは、スマホやパソコンなどのハイテク製品製造過程において盗聴などの情報漏洩《ろうえい》機能が組み込んである可能性が高いからというもの。

そもそもＺＴＥやホァーウェイに関しては、アメリカは２０１２年の議会報告書の段階から数多くの疑義を提起し、警戒感を強めていた。報告書のタイトル自身がThe U.S. National Security Posed by Chinese Telecommunications Companies Huawei and ZTE（中国の通信機器企業ＺＴＥとホァーウェイによって引き起こされたアメリカの国家安全問題）というものなので、その深刻さが窺われる。

特にＺＴＥに関してはオバマ政権時代から北朝鮮やイランへの輸出禁止に違反しているとして何度も制裁を勧告している。それに対してＺＴＥは改善すると回答したのに、一切改善措置を取っていない。

ここに来て、ついに議会が痺れを切らしたのは、もっともなことだろう。

トランプ自身は、制裁を科さないようなことを一時言ったりして、まるで和解が成立したような情報が流れたことがある。実際にトランプ個人として、その方向に動いたこともあったようだが、しかし米議会が許さなかった。その結果、トランプが署名した（せざるを得なかった）という側面がなくはない。

その意味では、米議会全体が「中国に警戒しろ」という方向に動いていることは確かだ。

ZTEのハイテク製品のキー・パーツのほとんどはアメリカから輸入していた。しかもクァルコム（Qualcomm）といった世界トップの半導体企業からだ。このレベルの半導体は、実は日本では作る技術を持っていない。唯一同等レベルの技術に追いついたのが、先述したホァーウェイのハイシリコンなのである。しかしハイシリコンはホァーウェイ以外の他社には自社半導体を売らない。中国国内で矛盾を来すが、しかしそれでもホァーウェイは、この原則を曲げようとせず、中国政府の要求には応じていない。

しかし、中国としてはZTEという中国最大のハイテク国有企業を倒産させる訳にはいかないのである。そこで習近平はZTEの倒壊を防ぐために、日本に秋波《しゅうは》を送っている。少しだけレベルの低い半導体で代用しようと考えている。日本の半導体メーカーにとってはビジネスチャンスかもしれないが、日本企業としては自社の利益を選ぶのか、国の利害を選ぶのか、難しいところかもしれない。詳細は最終章で論じる。

今般の権限法で最も注目しなければならないのは、実は権限法にはHytera Communications（海能達通信股份有限公司）やHangzhou Hikvision Digital Technology（杭州海康威視数字技術股份有限公司）あるいはZhejiang Dahua Technology（浙江大華技術股份有限公司）といったビデオ監視や情報通信機器分野の中国企業への規制が含まれているという点だ。

中国では「社会信用システム」という制度が２０１４年から動いている。正確には２０１４年6月14日に国務院が「社会システム構築の計画概要（２０１４～２０２０年）」という通知を発布している。

これは所得やキャリアあるいは日常の社会的言動などからすべての国民を評価してランキングを付けるもので、評価基準は「公務の誠実性」「商業の誠実性」「社会に対する誠実性」だ。一見、第一章で述べた「社会責任」に似ているように見えるが、実は似て非なるもの。すべての人民および中国大陸に居住する外国人と外国企業を含めたすべての「人間」と「組織」を一部始終監視するためのシステムなのである。中国の商店ではどこでも電子決済が進んでいると、日本の一部のメディアでは中国を褒めている情報が散見されるが、顔認証も徹底的に進展させて、中国大陸上に居住するすべての人間が「中国共産党に忠実であるか否か」「反政府的行動をしていないかどうか」を完璧に監視するためのシステムなのだ。このような恐ろしいものが動き始め、中国に進出する日本企業とその従業員も、監視の対象となっていく。喜んでいる場合ではない。

さて、中国では「人」は「中国共産党の一党支配を維持するための道具」であるだけでなく、中国が繁栄と世界制覇を達成するための「人材」としての道具でもあるということを詳細に見てみよう。

第二章　人材の坩《る》堝《つぼ》に沸く中国

一、1964年、中国核実験を成功させたのは誰か？

1964年10月16日、中国は初めての核実験に成功し、世界を驚かせた。農民を中心とした革命戦争に勝利して、1949年10月1日にようやく誕生した新中国（中華人民共和国）に、科学技術などあり得るはずもないと、誰もが思っていただろう。あのとき中国における農民の割合は90％に近く、毛沢東は農奴の屈辱的なエネルギーを味方に付けて革命に成功している。

1917年のロシア革命は、都市の労働者が中心だったので、旧ソ連のスターリンは毛沢東を「田舎バター」として軽蔑し、ロシア革命の中心となった都市労働者がいないような「文明的に遅れた中国」で、革命など成功するはずがないとバカにしていたのだ。

ところが毛沢東は、その予想に反して中国の革命戦争に勝利して新中国を建国しただけでなく、核実験に成功する。世界が驚かないはずがないだろう。

それを可能ならしめた人物の一人に、フランスに留学して核物理学研究の第一人者となった銭三強《せんさんきょう》がいる。毛沢東と銭三強の微妙な関係を見てみよう。

フランス帰りの銭三強と毛沢東

銭三強は1913年に浙江省に生まれ、7歳のときに父に同行して北京で生活し、北京大学の学長だった蔡元培《さいげんばい》（北京大学学長の期間：1916～1927年）が校長を務めていた孔徳中学で学んだ。中学というのは日本の中等教育機関のことで、中学校と高校を合わせた一貫性の教育機関だ。孔徳中学は、北京大学の文学院（文学部）の付属中学（中学＋高校）のような性格を持っていた。

銭三強の父親、銭玄同《せんげんどう》は著名な文学者で、青年時代には日本の早稲田大学に留学したこともある。

１９２９年、銭三強はまだ16歳だったが、父親の勧めで北京大学理科の予科に入学する。北京大学理学院のための入学予備校のような学習段階である。しかし成績優秀だったので、本科の近代物理学や電磁学を同時に学んだ。

１９３２年に北京大学予科を卒業すると同時に、清華大学に入学。36年に清華大学を卒業し、北平（北京）研究院物理学研究所の助手として、分子スペクトルの研究に従事する。分子スペクトルというのは、分子が吸収または放出する光のスペクトルのことで、それを通して分子が持つエネルギーを測定し、分子内の電子の状況や分子を構成する原子核の微細構造（ファイン・ストラクチャー）を知ることができる。

つまり、この段階で彼はすでに核実験の道へ進むための下準備ができていたのだ。

翌年の１９３７年9月、彼はフランスに留学した。留学した先が、なんと、あのノーベル賞を二度も受賞したマリー・キューリーの研究所だった。マリー・キューリー自身は１９３４年に他界していたが、娘のイレーヌ・ジョリオ・キューリーが研究所にいた。彼女の下で原子核の研究に没頭し、銭三強は原子物理学で博士学位を取得するのである。

このとき、毛沢東はどうしていたのか。

1893年（清王朝、光緒19年）12月26日に毛沢東は、湖南省の富農の子供（上の2人は夭逝《ようせい》なので実質上、長男）として生まれた。田舎の塾で勉学していたが、父親は毛沢東が本を読むだけでも嫌がり、畑仕事に専念するよう、いつも叱っていた。13歳になったある日のこと、取引先のお得意さんなどを招いた宴席の場で、父親が毛沢東に接待の手伝いをするように命じた。毛沢東がいやがると、父親は公衆の面前で「おまえは実に怠惰で、役に立たないやつだ！この親不孝者がぁ！」と罵倒した。毛沢東が本ばかり読んでいることに、日ごろから業《ごう》を煮やしていたからだ。

14歳のときに家を飛び出して、1910年に初めて小学校に上がり、親戚に援助してもらいながら、1918年に湖南第一師範学校（専科）を卒業する。

このころ、フランスに留学し、アルバイトをしながら勉学に励む「勤工倹学」というのが流行っていた。フランスが呼び掛け、北京大学の蔡元培学長らが呼応して組織した制度である。周恩来《しゅうおんらい》も鄧小平もみな、この制度にのってフランスに留学している。

アメリカは清華大学を創設し、フランスは北京大学をターゲットにして、優秀な人材をフランスに迎え、中国人がフランスびいきになるように仕向けていたのである。

1918年8月、毛沢東も二十数名の青年有志を伴って北京に向かっていた。「勤工倹学」グループを組織してフランスに行くためだ。毛沢東もこのルートでフランスに行こうとしたが、学歴と学力が伴わず、北京大学の予科の受験資格もなくて、図書館で働くこととなった。業務内容としては、図書館長室の清掃、新着の新聞雑誌の整理、閲覧者の氏名登録などだったから、中国語では「助理補」となっているが、言うならば「お手伝い」だ。

この屈辱に耐えられず、毛沢東は北京大学を捨てるのである。仲間たちが「勤工倹学」制度にのってめでたくフランス行きを果たし、そのために自分は東奔西走して資金を集めたりしている中、「この毛沢東は何をしているのか――！」。

激しい劣等感と挫折感は、毛沢東に、ほとばしるような復讐心を燃えたぎらせたにちがいない。1919年4月6日、毛沢東は湖南省の長沙に戻って小学校の教員になり、そこで歴史を教えるのだが、中華人民共和国を建国した毛沢東の「復讐のエネルギー」の源は、この北京大学とフランス留学にあったと言っても過言ではないだろう。

1949年10月1日、新中国（中華人民共和国）を誕生させると、毛沢東が始めたのは知識人の迫害だった。資本家階級が生んだインテリだとして、永久なる階級闘争を主張し、多くの知識人を逮捕投獄して、完膚《かんぷ》なきまでに叩きのめした。文化大革命期（1966～76年）に至っては、知識人迫害と教育制度破壊によって、火山のように爆発する。

しかしその一方で、毛沢東は原子爆弾の製造に執念を燃やしていた。自らが、自らの権力によって、自らが創りあげた国を強国に持っていく。そのためなら知識人を利用するのはＯＫなのである。

まさに「あの北京大学」の学長の覚えめでたく、学者としての道を輝かしく歩んで、第一級の「フランス留学」を果たした銭三強を、原子爆弾製造のために重用するのだった。

ここが毛沢東の凄いところだろう。

銭三強はキューリー研究所で研究を重ね、1946年に「ウラニウムの核分裂」において大きな成功をおさめ、フランスのアカデミーの物理学賞を受賞し、48年には中国に帰国している。帰国後、清華大学の物理学系教授となり、1949年11月に中国科学院が設立されると、中国科学院近代物理学研究所（のちの原子エネルギー研究所）の副所長、そして所長に任命される。

朝鮮戦争が休戦協定を締結した2年後の1955年、毛沢東は中国の核の力を高めるためにプロジェクトチームを立ち上げさせ、銭三強をそのリーダーに任命する。毛沢東と銭三強の立場はすでに逆転していた。国家のトップリーダーになった者の勝ちだ。

1956年、銭三強は四十数名の科学者を引き連れて、毛沢東の命令でソ連に行き、原爆実験に関する考察を行う。

アメリカ帰りの銭学森

このときにアメリカから戻ってきたのが銭学森《せんがくしん》という、弾道ミサイルに詳しい研究者だ。

1911年生まれの銭学森は、1935年、清華大学の公費留学生として渡米し、マサチューセッツ工科大学に入学する。翌年、修士学位を取得し、39年にはカリフォルニア工科大学で博士学位を取得。1944年には米国国防総省の科学顧問に任ぜられる。その間に、「航空工学の父」と称せられたセオドア・フォン・カルマンに学んでいるので、銭学森の弾道ミサイル技術は、相当に高かった。

ところが1950年になると、銭学森は共産主義者のスパイだとして逮捕され、軟禁されてしまった。それを知った毛沢東と周恩来は、あの手この手を使って、銭学森の奪還に努め、1955年に朝鮮戦争における米軍捕虜との交換を条件として、中国に帰国させるのである。そのときの顚末には長いストーリーがあるが、脱線するといけないので、ここでは省こう。

毛沢東は銭学森をソ連に向かわせて、銭三強と合流させた。

1956年11月16日、毛沢東は第1回全国人民代表大会（全人代）で原子力エネルギー工業を主管する「第三機械工業部」設立を決定し（58年に第二機械部に）、原子爆弾製造を加速させていった。

そのときまでに海外から呼び戻した学者の中にはアメリカ帰りが最も多く、ほかにフランス帰り、あるいはイギリスから帰国した者もいる。中でもフランスから帰国した放射能科学者である楊承宗は、自分自身が戻ってきただけでなく、「お土産」を持ち帰っていた。

1947年にフランスのキューリー研究所に留学して博士学位を取得したのだが、新中国誕生後、毛沢東の呼び掛けに応えて、中国に帰国しようとした。するとイレーヌ・キューリー夫妻が、炭酸バリウムによって純化された10グラムのラジウム標準資料を楊承宗にプレゼントしたのである。これは世界的に見ても、誰もが喉から手が出るほど欲しいものだった。彼女は中国の成功を祈ると言い、原爆成功と同時にフランスは中国と国交を結ぶにちがいないと言って、毛沢東に一つの「言葉」を送ってくれと頼んだのである。それは「もし原子爆弾に反対するのなら、自分の原子爆弾を持ちなさい」という言葉だった。

これを受けて、毛沢東は一層、決意を固めたという。

一方、ソ連との関係悪化は加速し、1959年6月にはソ連は原爆関連の中国への援助を完全停止していた。そこで毛沢東は1960年に中華人民共和国第九局（核兵器製造機関）を設置して、チベット族自治区に核開発のための第九学会（北西核兵器研究設計学会）を設立した。第九学会のコードナンバーは「211」。211工場は、最高機密研究都市と位置付けられた。

核実験を成功させたのは海外から帰国した人材

こうして1964年10月16日、第九学会で開発された初の中国核兵器（コードネーム596）が核爆発に成功したのである。

これが中国最初の原爆実験だ。

同年10月27日には、核弾頭を装備した東風2号Aミサイルが酒泉《しゅせん》衛星発射センターから発射され、20キロトン級の核弾頭がロプノールの標的上空569メートルで爆発している。

その前の同年6月29日には、東風2号の改良型東風2号Aの発射試験に成功し、7月19日には観測ロケットT－7A（S1）の打ち上げと回収に成功。生物学的実験のため8匹のマウスを搭載させ、安徽広徳にある中国科学院六〇三基地より打ち上げられた。

こうして中国の核実験と弾道ミサイル実験は加速して精度を高めていくのだが、それを可能ならしめたのは、海外から戻ってきた人材たちである。

核実験はフランスのキュリー研究室そのものから出発し、弾道ミサイルはアメリカの「航空工学の父」から直接伝授されていたので、怖いものはなかっただろう。

これら核実験のチームの中に、「中国のマリー・キュリー」と呼ばれた女性物理学者がいたことも忘れてはならない。彼女の名前は何沢慧、1914年生まれ。銭三強とは清華大学におけるクラスメートだ。

清華大学卒業後、ドイツのベルリン高等工業学校で博士学位を取得している。その間にパリのキュリー研究所で実験をさせてもらい、晩年のマリー・キュリーに会っている。二人で撮った写真も残っている数少ない中国人だ。パリで銭三強と結婚したが、ウラン核分裂の3分裂や4分裂に成功したのは、銭三強の力だけではなく、その妻、何沢慧に負うところが大きい。当時、3分裂は核分裂の中では300分の1の確率と言われ、4分裂に至っては100万分の1の確率とみなされており、国際科学界に大きな衝撃を与えた。

なお、イレーヌ・キュリーの約束通り、中国が核実験に成功すると、フランスは1964年に、中国と国交を結んだ。

二、1996年、地球を覆う中国人材市場《いちば》

1990年代後半、私は文科省の科研費「帰国中国人留学生の比較追跡調査による留学生教育の改善と展望に関わる研究」の研究代表として、全世界で活躍する中国人元留学生の留学効果に関する調査をしていた。

すなわち、日本に留学して帰国した中国人元留学生と欧米に留学して帰国した中国人元留学生の留学効果を比較追跡するという調査だ。それによって日本の留学生教育の方法あるいは政府の政策を改善することに少しでも役立てたいというのが、初期の目的だった。

ところが第2回目の調査が終盤にさしかかったときに、中国政府が全世界に散らばる中国人元留学生で主として博士学位を持ち、留学先で大企業に就職したり、自ら起業したりしている人たちを一つにまとめ、一気に全世界をつなぐネットワークを形成していることを発見した。ここでは、それを追跡した記録をご紹介する。詳細は拙著『中国がシリコンバレーとつながるとき』に書いた。

在日中国人博士協会の焦り

2001年1月2日、私は1通のメールを受け取った。メールの件名は「広州科技交流会の報告」で、「FW（転送）」となっている。もともとの送信者は在日中国人博士協会の会長で、

「報告書」なるものが添付されていた。送信してきたのは筑波大学における教え子で、メールの本文には「たしか、先生は、中国人留学生の留学効果に関して調査していると聞いています。もしかしたらお役に立つかもしれないと思い、メールを転送します」とある。

ありがたい。

世界各国にいる中国人留学生は、各大学で「中国留学生学友会」というものを結成していて、学友会の会長は各国に駐在している中国大使館教育処と連携を取り、大学における中国人留学生の基本情報を提供している。つまり、どの国のどの大学における中国人留学生も、全員が中国大使館教育処の管轄下にあるということになる。

この情報を一瞬で、中国中央政府の国家教育部に報告すれば、中国政府中央は全世界にいる中国人留学生の情報を掌握し、監視あるいは管轄することが可能となる。中国人留学生の安全を守るため、と言われれば何も言い返せないが、目的がそれだけではないことは、誰の目にも明らかだろう。小さな大学とか、その大学にあまり多くの留学生がいない場合は例外だが、たとえば日本の国立大学などは、すべてこの管轄下にあるということは言える。それは大学院に進んでも同じで、教育機関を卒業し、その国の企業で働いていたり、あるいはその国で起業している人たちは、国家人事部という中央行政省庁が管轄する。

国家人事部は名称がころころ変わり、今では「人力資源と社会保障部」という名称になってしまい、機能も少し変わってしまったが、少なくとも１９８８年から２００８年までは「人事部」だったので、ここでは「国家人事部」という名称を用いることとする。

各国の中国人博士協会は、この国家人事部が管轄している。中国では教育機関に在籍している留学生のことは「留学生」と呼ぶが、教育機関を卒業して社会に出ている元留学生のことを「留学人員」とか「海外学子」と呼ぶことが多い。

メールの添付書面にある「報告書」は、おおむね、以下のような内容だった。

――わが国の西部大開発に協力するため、博士協会の委託により、私は昨年12月17日から中国に帰国し、蘇州、南京、上海、鄭州《ていしゅう》（河南省）、重慶、成都（四川省）、広州（広東省）などの都市を走馬灯のように回って視察して参りました。

この視察には、欧米や日本で活躍している中国人博士協会の代表団が参加しましたが、代表団は西部行と東部行の二つに分かれ、東部行は北京、天津、青島（チンダオ）、大連、瀋陽《しんよう》、長春、ハルビンのコースです。私は西部行のコースに参加し、最終的に全員、広州で集合しました。

各地の地方政府や企業は、われわれ全世界で活躍している留学人員の頭脳や技術を必要としており、またわれわれは祖国・中国の市場に自分の技術を売り込み、資金や協力者を求めようとしています。私はアメリカのシリコンバレー企業代表団と行動を共にしましたが、日本とアメリカのギャップにショックを受けました。

アメリカのシリコンバレーの皆さんは、大胆な宣伝攻略で各地の政府や企業に自分の技術をアピールし、中にはその場で地元の企業から2500万米ドルの契約を取り付けた人もいました。行きは手ぶらで、帰りは日本円で30億円の資金を手にして帰ったのです。

シリコンバレーの企業家精神は、技術とベンチャー投資の結合により新しい企業を創り、それを上場させて、一晩で億万長者になることです。

日本では例外もあるでしょうが、一般の日本人や、われわれ日本に残っている留学人員たちは、こういったアメリカのシリコンバレーのやり方に全く慣れておらず、まるで未知の世界を見るようでした。

わが博士協会の皆さんも、これから祖国・中国に何を捧げることができるかを考え、一日も早く自分の持っている技術を祖国の企業に活用して祖国の生産力となるように努力し、自分自身も大きな利益を獲得するよう勧めます。

数年前に中国に帰国した留学人員の先輩たちは、かなりの成功を収めて上場を待っているようです。噂によりますと、約2000社の企業が待っているとのこと。昨年捜狐《ソウフ》（sohu.com）の会長である張朝陽がアメリカのナスダック上場を遂げ、一晩で億万長者になった話は、中国の若者たちの心を強く惹きつけています。

いま、アメリカや世界各地で活躍している留学人員たちが帰国して中国で創業するのがブームになっています。アメリカのシリコンバレーの中国人企業主の同胞たちは、ふつうの白人たちの収入よりも何倍も多い収入を得ているようです。カリフォルニアのシリコンバレーには2万社にのぼる企業が林立しているそうですが、そのうち、中国人とインド人によって起こされた企業の割合は、現地の白人が起こした企業数を遥かに上回り、白人はもはや「少数民族」になりつつあると聞いています。そこでは、新しい技術を持った創業者は、つねに新しい機会に恵まれているようです。

日本にいる皆さんには、まだまだこのような意識が薄いと思います。

自分は日本人よりも優れていると自認している人は多いでしょうが、それでも結局は日本人が経営する大企業とよばれる会社に就職して、日本人と同じ給料がもらえれば、それで万々歳と思う人が、それ以上に多いことは非常に残念な事実です。

日本で活躍している中国系企業も、貿易、レストラン、整体などに関係しているか、せいぜい日本の企業、時には中小企業の下請け会社になっていることが多く、あまりにもベンチャー精神に欠けているのではないでしょうか。

このたびの視察に参加した海外留学人員は、全部で１０００人ほどでしたが、そのうち在日留学人員は、わずか70人でした。アメリカの中国人留学人員の組織力は大きく、その存在を大きくアピールしていました。

日本には高学歴の中国人留学生が少なく、その結果、在日中国人博士協会の規模も小さくて、大きな力を発揮することはできません。カリフォルニアの中国人によるシリコンバレー工程師協会は、アメリカ各地の在米中国人博士協会や企業家協会と連携しながら活動し、大きなパワーを発揮しています。これからは日本の中国人博士協会も、欧米諸国の博士協会と連携しながら活動していかなければなりません。皆さんの健闘を祈ります。

一部省略したが、このような内容だった。
ショックを受けた。何が起きているのか？

留学人員科学技術交流会

１９８０年代の初頭から留学生教育に携わり、中国人留学生の世話をしたり、中国の国家教育部と連携を取りながら『中国大学総覧』（第一法規出版、１９９１年）などを出版してきた私としては、この新しい動きをキャッチできていなかったことに、激しいショックを受け、何が起きているのかを、この目で確かめなければ自分が許せないという切迫感に駆られていた。

運よく、２００１年6月29日に、中国遼寧省の瀋陽で「留学人員科学技術交流会」が開催されることを知り、出席許可を取るべく、ネットを調べてみた。

「留学人員」という言葉ではなく「海外学子」という単語が使われており、「２００１中国海外学子遼寧（瀋陽・大連）創業周」China Liaoning (Shenyang・Dalian) Chinese Overseas Scholars Initiating Weekという通知があるのを見つけた。「周」は「週」の中国語表記である。通知の発信元は瀋陽市人民政府、科学技術委員会工業科学技術処だ。開会式は瀋陽市で行うが、7月の2、3、4日は大連に会場を移すらしい。

そのホームページに「難題招標《ザオビャオ》表」なるものがあることに驚いた。

「難題」というのは、まさに日本語の難題と同じだが、内容がおもしろい。

瀋陽市にある重点企業が抱える解決困難な難題が書いてあり、海外学子に、その技術と知恵を求める表なのだ。その難題の一覧表が載っている。

「招標」は「入札」のことで、全世界に散らばる海外学子たちは、自分のパソコンの「窓」を開いて難題一覧表を熟読し、この中のどの難題ならば、自分は技術提供をすることができるかを検討する。これは自分にできるかもしれないと思ったら、その企業宛てに自分が提供できる技術や専門分野、連絡先、現職などを書く。

企業側としては、全世界の何名かが応募してきた場合、最も適切と思う「頭脳」に落札して、科学技術交流会に参加してもらうという仕組みである。申請表の提出が「入札」に相当する。この「落札」通知は複数の海外学子に送る場合もあり、そのときは科学技術交流会で面接をして、最も適当と思われる一人を、企業側が決めるわけだ。

それにしても、企業秘密であるような、その企業の難題をネットで公開してしまっていいのかと、他人事ながら気になる。会員でなくとも、そのページに入り込むことができ、どの企業がどのようなレベルの技術で困っているかも分かるし、また中国の技術レベルを内部に潜って知ることができるような、こんな危険なこと（脇の甘いこと？）をなぜしてしまうのだろう。こんな組織とはいったいどういうものなのだろうか。

どうしてもその現場を自分の目で確認したくて、私は瀋陽に飛んだ。

瀋陽会場開幕式

6月28日、北京に立ち寄ってから瀋陽飛行場に着くと、すぐに大きなのぼりを掲げた若者たちの一群に迎えられた。赤いユニホームを着た、地方政府の科学技術処が雇用した応援団のようだ。

もう夕闇が迫り始めていたが、飛行場から市の中心部へ向かう高速道路の至るところに立ててあるのぼりに「熱烈歓迎海外学子」とか「祝賀遼寧創業周」といった文字が入っているのが見て取れる。車が巻き起こす風にあおられてはためくその様《さま》は、まるで市民が歓迎の手を振っているように、海外学子たちの目には映っただろう。

実は、この交流会に参加するに当たって、在日中国人博士協会を通して申請を出してあった。だから29日には迎えの車が来て、開幕式の会場に充てられた遼寧体育館へと向かった。1万人が入るという体育館は、7000人の人で埋まっていた。

1階の真ん中に広い競技場のようなフロアがあり、その一角に国家科学技術部、国家人事部、国務院僑務《きょうむ》弁公室など、中央行政省庁の指導層が並び、向かい側には遼寧省人民政府、大連市人民政府、遼寧省科学技術庁、遼寧省人事庁そして遼寧省僑務弁公室の幹部が並んでいた。

突然、「歌唱祖国」という歌のメロディーだけが流れ始めると、数台のカメラのライトが一斉に指導層が並ぶ舞台をまぶしく照らし始めた。この歌は、私が天津で小学校に通っていたときに世に出てきた歌だ。

新中国が誕生したあとの1951年9月のことなので、もちろん周りには日本人はいない。

日本人として虐《いじ》められる日々を送っていたので、「祖国への愛と礼賛」を歌い上げたこの歌を、「侵略者の子供ではない」という潔癖を示すために必死で歌ったものだ。毛沢東時代は「東方紅」という毛沢東を礼賛する歌が、国歌と同様の位置づけで歌われていたが、文化大革命で毛沢東が個人崇拝を煽り過ぎて国家を滅亡寸前に導いたために、毛沢東の死後は歌われなくなった。その代替をしているのが、この「歌唱祖国」である。

そのメロディーは、この開幕式の「荘厳さ」とともに、「これは中国政府主催なのである」ということを印象付ける効果があった。

「歌唱祖国」のメロディーがピタリとやむと、まるで申し合わせていたように、咳払い一つできないような静寂の瞬間があり、中華人民共和国の国歌「義勇軍行進曲」が荘厳な響きで鳴り渡った。すると、なんと、天安門広場の国旗掲揚そのままに、中国人民解放軍の儀仗隊《ぎじょうたい》が軍《ぐん》靴《か》の音も高らかに現れ出でて、国旗掲揚が始まったではないか。ポールに絡めてあった五星紅旗を、正装した解放軍が空高くパッと広げる、あの儀式だ。

なるほど――。

中国政府は、このような位置づけで、ハイレベルの海外学子が技術を携えて中国に帰国してくることを勧誘しているということになる。

やはり、現場に足を運んでみるものだ。

とんでもない儀式を見て、身震いがした。

事前契約者の調印式

盛大な開幕式が終わると、会場は瀋陽市の国家ハイテク技術産業開発区にある創業大厦《たいか》に移った。先述の「難題招標表」だけで、何組かは海外にいた段階で「落札」してしまったらしい。これを「得標」と称する。地方政府が資金援助をするので、堂々と公開で技術提供の調印式を行う。

いかにも「羽ばたきます」ということを象徴したような、翼を空に広げた造りの21階建ての創業大厦には、インターネットで見た「難題招標表」よりも詳細な人材募集のポスターが並んでいる。あの「難題招標表」リストに載っていた以外の技術を求める人材募集広告も新たに付け加えられていて、業績や能力により通常の10倍以上の給料を出すというものもある。

調印式は1階の国際会議場で行われた。真紅の絨毯が敷き詰められた階段教室のような大会議場には、大きな半円を描いた舞台があり、20人ほどが横並びに座れる横幅がある。細いテーブルと椅子の後ろに、儀式に立ち会う国や地方の指導層がズラリと立って並んでいる。

舞台の袖の両脇には、スラリと背の高い女性が片方の肩だけに布がかかっているようなドレスを着て儀式の華麗さを添えている。なんと、彼女たちのドレスの裾は、足の根元までスリットが入って、誇らしげに足を披露しているではないか。荘厳な国歌を演奏し、五星紅旗の掲揚まで行いながら、その一方では、新中国誕生前に街角に立って男を誘いこんでいたような女性の姿がそこにある。

もし毛沢東が生きていたら、即刻逮捕されて囚人服に着替えさせられ、豚小屋にぶち込まれていたのがオチだろう。改革開放とイノベーションと荘厳な国歌と五星紅旗掲揚の中にいる、ほぼ裸身に近い女性の飾り物。これは女性蔑視であり、毛沢東が唱えた「半辺天《バンビェンティエン》」とは別の女性という扱いだ。

「半辺天」とは、「天の半分は女性が支えている」という考え方で、社会への女性の進出を謳い、女性は男性と平等に扱われた。だから中国では、3月8日の婦女節は盛大に祝賀され、小学生だった私たちでさえ、その祝賀デモに学校行事として参加させられたものである。

毛沢東時代がいいとは言わない。毛沢東は革命戦争において、私が住んでいた吉林省の長春市を食糧封鎖し、数十万の餓死者を招いている。私は餓死体の上で野宿して、「卡子（チャーズ）」という包囲網を潜り抜け、一命を取り留めた経験を持つ。あのとき毛沢東は「長春を死城たらしめよ」と指示して、一般庶民を見殺しにした。私の家族もその中で餓死している。憎んでも憎み切れない指導者だ。

まあ、それも、「自由で平等で民主的な」新中国を誕生させるための犠牲だったのだろうと、自分に言い聞かせながら生きてきた。結局は、言論弾圧により自由ではない新中国が誕生したが、「貧乏だったが平等だった」ことは確かだ。

それが改革開放により「金儲けすることは自由だが、その分だけ激しい格差を生み、政治的な言論弾圧だけは変わらない中国」が現れ始めたのだ。

ベンチャー精神と飾り物の裸体に近い女性の姿――。

ここには「腐敗と堕落」の種があるのを、ほぼ生理的に感じ取り、一種の嫌悪感というか、危険なものも頭をかすめたのであった。

そうこうしている内に調印式は進み、交流会に集まる前に契約が成立したペアが次から次へと壇上に上がってきて、指導者から賞状のようなものを受け取り、中央に歩み出て、司会者が契約の内容と契約金額までを含めて発表した。満場の拍手と降り注ぐカメラのフラッシュ、大きなテレビカメラ。契約成立のペアは再び指導者の方に向かい、一人一人の指導者と握手を交わす。これを何十組にもわたってくり返し、フラッシュの嵐と司会者の声が聞こえないほどの拍手の中で、調印式は終わった。

と同時に、記者やカメラマンたちは血相を変えて会場を後にした。きっとこの日の夕方のニュースで報道するつもりなのだろう。案の定、その日の夜の地方テレビニュースは、何度も何度もこの開幕式と調印式の模様を熱狂的に放映し、翌朝の地方新聞も一面トップで一斉に大きく扱った。

契約未成立者の洽談会《チャータンホイ》（ごうだんかい）

その翌日は朝9時から、同じ国家高新技術（ハイテク）産業開発区にある軟件園（ソフトウエアパーク）で、海外学子と求人者側の「洽談会《チャータンホイ》（ごうだんかい）」が始まった。「洽談会」というのは、面談と訳してもいいし、打ち合わせ、すりあわせといった意味にも使う。昔は「溝通《ゴウトン》（こうつう）」（意思疎通、話し合う）という言葉を使ったものだが、最近、やたら「チャータン、チャータン」と言うようになった。商談の色合いが濃くなっている。端的に言えば「業務のための面談、あるいは相談をする」、すなわち「商談」であり、その「交渉」なのだ。ここではむしろ、このまま「洽談」という言葉を使おう。

洽談会の面談会場は、「難題招標表」にあった分類と同じく、「電子情報、バイオテクノロジーと製薬、光電気機械一体化、新材料、省エネと環境保護」の5分野に大別され、どの部屋も満員になるほどの人で溢れかえっていた。

ガラス張りの部屋の入り口には、「電子信息（情報）」などの分野名が書いてあり、部屋の中には互いに少し距離を置いて机と椅子を並べ、机の上にはプレートがある。そこには海外学子の名前とコードナンバー、所属、学歴、提供できる技術の具体的な内容などが書いてある。その椅子に海外学子が一人ずつ座り、「客＝求人側」が来るのを待つ。

すでに十数名の求人者側に取り囲まれて、新聞記者のマイクが突きだされ、テレビカメラが回っている座席もあれば、閑古鳥《かんこどり》が鳴いている座席もある。「お客」がいないのだ。悪いので、遠くからチラッと見たが、閑古鳥が鳴いている座席は日本からの海外学子だった。顔に勢いがない。なんとしても自分を売ろうという逞しさがないのだ。人を惹きつける積極性が、まったく見られないのである。

本節の冒頭に書いた科研費の「帰国中国人留学生の比較追跡調査による留学生教育の改善と展望に関わる研究」という調査結果にも歴然と表れているが、アメリカ留学者の留学効果のうち、最も高かったのが「ベンチャー精神を学んだこと」とか「国際感覚が身に付いたこと」などだったが、日本留学で学んだものの筆頭は「遠慮深さ」とか「礼儀」「謙虚」などで、もちろん悪いことではないが、国際競争の世界において勝ち組になる可能性は低いと言わざるを得ない。

そもそも中国人社会の日米評価に関する差異においても、アメリカという社会に対する評価と尊敬が高く、日本留学者は帰国しても、なんとも肩身の狭い思いをしていることも判明している。そのため、例外はあるものの、一般的傾向として、優秀な頭脳は欧米、特にアメリカを目指し、学力的にあまり自信のない者が日本を目指すという傾向にあるのは否めない。ただし例外があることを、日本留学者の名誉のために再度、強調しておきたい。

ほかにも目を引いたのは、求人者側に外国人がいたことである。

尋ねてみると、その人はすでに瀋陽の開発区に外資企業として入っていて、不足している技術に関して、自国に留学した中国人の人材を探していることが分かった。なぜ自国の技術者あるいは研究者を呼び寄せないのか不思議に思って質問してみたが、企業名や国名、あるいは彼の名前を伏せるように言われたので、ここで明確に書くことは憚《はばか》られる。要は、中国人の人材を雇用することが奨励されているということに尽きようか。このプロジェクトによって政府から支援金が出ることも魅力なのだろう。

見たくない事実――なぜ中国でバイオが盛んなのか

本書は、ハイテク産業のコア技術である半導体産業に関してターゲットを絞っているが、中国の科学技術全般を通して見える特徴的なことにも少しだけ触れることを、お許し願いたい。

実は、「難題招標表」にも実際の海外学子科学技術交流会にも、五大分野の中に「バイオテクノロジー」（以下、バイオ）があるのが気になっていた。瀋陽と大連の後、広州や蘇州あるいは西安などの各地で行われたその後の交流会に次から次へと参加したのだが、西安で思考が止まった。

中国のバイオの根拠地が、西安にあったからだ。

なぜ、西安に――？

西安には、中国人民解放軍の第四軍医大学がある。

もう、これだけで動悸がした。恐ろしい予感だ。

交流会や洽談会、あるいは帰国した留学人員が入る「留学人員創業パーク」などは十分に視察したので、西安では第四軍医大学の見学に行くことにした。

中国には中国人民解放軍系列の四つの軍医大学があり、第一軍医大学は広州に、第二は上海、第三は重慶にある。

第四軍医大学の中を案内されて驚いた。

いたるところ、バイオ関係の研究所で埋め尽くされている。当然、附属病院とも連携しており、大がかりなバイオ研究が推進されていることを知った。ハイテク開発区には西北農林科技大学や陝西《せんせい》師範大学などと連携したバイオ・パークもある。楊凌《ようりょう》にある西北農林科技大学はクローン羊がいることで有名だ。クローン同士から生まれた子羊も生きているそうだ。もちろんクローン牛もいる。ちょうどこのとき、西北農林科技大学がヒトES細胞を使って、脈動しているクローン心臓作製に成功したというニュースが入っていた。

ES細胞は1981年にマウス由来、1998年にヒト由来で作製された、世界初の多能性幹細胞だ。最近ではiPS細胞が有名なので、ES細胞のことはあまり話題には上らなくなったかもしれないが、当時はES細胞真っ盛りだったので、深い興味を抱いた。

今さら解説書のようにご紹介するのは憚られるが、中国のバイオを理解するためには、「そもそも、ES細胞とは何ぞや」を知らなければならない。

ES細胞はヒトの受精卵が分裂し、分化を繰り返して胎児と呼ばれる状態になるまでの間の胚盤胞《はいばんほう》の内側にある細胞を取り出して、特別な条件下で培養した細胞のことを指す。

それも受精卵あるいは受精卵から発生が進んだ胚盤胞までの段階の初期胚が必要で、受精してから早ければ早いほどいい。

中国では改革開放が始まった1978年から「一人っ子政策」が実施されていた（文書化されたのは1980年9月）。2016年1月1日に撤廃されたが、初期のころの強制的な実施には、あまりに残酷な状況が頻出していた。

特に田舎では働き手としての子供が欲しい。隠れて産む人が絶えなかったが、監視の目は家族の中にも網の目のように張り巡らされていて、逃れることが困難だった。泣きわめく妊婦を強制的に堕胎台の上に載せる非人道的な光景は、後を絶たなかったものだ。

となれば、次に何が起きるか。

文字化するのも気が重く、かと言って、現実から目を背けるのも、誠実に事実を追いかけている者としては心にそぐわない。あとは読者の方々の想像にお任せするしかないが、軍医病院の手術室の横には、大きなバケツがあり、堕胎された胎児が、まるでゴミのように捨てられていたことだけは書いておこう。

そんなわけで、ヒト由来のES細胞を入手するのに、中国はこと欠かなかったし、また妊娠の発見も早かったという事実がバイオ発展の後押しをしていたことは否めない。

人間は本来、唯一無二の存在であるからこそ、そこに「個」としての尊厳が生じ、「人格」が存在する。しかしクローンで製造することができれば、唯一無二性、非再生性は消失し、いくらでも同じ人間を「製造」できることになってしまう。しかもそれが「物質」でもなければ「物体」でもなく、考える「頭脳」と「魂」を持つことになる。殺されてはならない存在としての「個の尊厳」を持ちあわせるようになるはずだ。

きっと「心」もあるだろう。その「心」は一体どこに個人のよって来たるところを求めればいいのか。最初から「親」も存在しない「生命体」の誕生。

これはやがて、AI（Artificial Intelligence、人工知能）という、新たな「思考する個」に対する問題と、共通のものを人類に提起してくることだろう。

WTO加盟のための中国発「全球人材信息網」

1996年3月、中国は第九次五カ年計画を発布したが、その中で国家人事部は「人発（1

996）75号」指令を出している。「人」は「人事部」の意味で、「発」は「発令」「発布」という日本語に相当するが、中国ではよく「発出」という単語を用いる。

タイトルは「九五期間、人事系統留学人員工作規画」だ。「九五」というのは「第九次五カ年計画」のことで、「規画」は「法規と計画」の意味である。日本語的に分かりやすく書くと、「第九次五カ年計画期間における人事部系列の留学人員工作に関する法規と計画」とでもなろうか。これを「人発（1996）75号」指令として発布したのだ。

そして1999年12月28日に、「中国全球人材信息網」というウェブサイトを立ち上げている。「信息」は「情報」の意味で、英語ではGlobal China Talents Networkと表記する。グローバル・チャイナ・タレンツ・ネットワークだ。1996年に計画を発布しながら、99年の最後の日にようやくウェブサイトを立ち上げたということは、これは中国建国50周年記念に合わせるためであったと思われる。

私はこんなに長いこと留学生教育に関わりながら、2000年になってようやくこの大きな動きを知るなんて、なんと情けないと自信を失い、激しい劣等感にさいなまれていたが、遅くはなかったのだ。12月28日にウェブサイトを立ち上げたのは、おそらく何としても1949年から50年後ということで、99年内に公開したかっただけで、実働は2000年からしか始まっていなかったことになろう。ということは、ほぼ同時に情報をキャッチし、すぐさま行動していたと言うことができるかもしれない。

ただ、こう書いてしまえば簡単なように見えるが、ここに到達するまでに、どれだけの努力と時間を注いできたか知れない。その奮闘記は『中国がシリコンバレーとつながるとき』に詳述した。まさに血と汗の奮闘の結果、たどり着き、遂に発見した中国政府の戦略だった。

「人発（1996）75号」指令が発布されたとき、中国はまもなくWTOに加盟しようとしていた。

第二章でも、自動車、特に乗用車に関して少し触れたが、WTOに加盟したが最後、世界各国と同等に競争していかなければならない。だから、あらゆる技術分野で、海外に散らばる頭脳をかき集めなければならないというせっぱ詰まった状況に追い込まれていたのだ。

国家人事部は、国家教育部から受け継いだデータを基に、教育組織から離れた博士たちの名簿作りを始めた。各国各地域の元中国人留学生学友会の会長を中心として、知っている限りの博士たちと連絡させ、各国各地域の中国人博士協会を先ず作らせた。

その会長のメールアドレスをもらい、CCの中に会長のアドレスを組み込めば、1本のメールを出しただけで、全世界の中国人博士協会につながる。博士協会の会長は、その協会の会員のリストを持っているので、国家人事部からメールをもらった瞬間に、博士協会の全会員にその情報を知らせることができる。

つまり、全地球を網羅することができるのである。

グローバル・チャイナ・タレンツ・ネットワークのウェブサイトには「市場」という文字が多い。たとえば、人材知力情報市場——
留学人員人材資源——
留学人材知力市場——

などなどである。私はこの「市場」を「しじょう」とは読まずに「いちば」と読むことにしている。

凄味があるではないか。

この「人材資源市場」という概念こそが、海外人材を一堂に集めて買い手が「競り」をするという、あの知の大祭典を実行させている原動力だろうし、それを人事部が、たった1本のメールで地球を覆う、全世界の中国留学人員を掌握しコントロールする様は、やはり圧巻だ。

帰国した留学人員を受け入れる「留学人員創業パーク」というものも各地に創られて活況を呈している。

SCOBA《スコバ》——シリコンバレーの頭脳たち

SCOBAは、Silicon Valley Chinese Overseas Business Association の頭文字を取ったものである。中国語では、「硅谷留美博士企業家協会」と表現する。「硅谷」は「シリコンバレー」の意味だ。本節の冒頭に書いたメールの添付書面にあった「アメリカのシリコンバレー企業代表団」とは、これを指す。「企業家の組織」なのだ。

SCOBAができ上がった過程はやや複雑で、1999年12月28日となってはいるが、20

10年に、「SCOBA誕生、10周年記念」とあるので、実質的な活動は2000年からだと考えていいだろう。ただ、ギリギリでも99年に滑り込もうとしたのは、国家人事部同様、中国建国50周年記念に間に合わせたかったものと思う。

もっとも、国家人事部の「人発（1996）75号」が出た後の1998年5月にはOCBA（Overseas Chinese Business Association、海外中国人企業家協会）というものができ上がり、国家教育部の呼びかけである「春暉《しゅんき》計画」に呼応して北京や遼寧省を訪問している。この計画は1996年に「留学人員向けの短期帰国資金援助国家教育部経費」というタイトルで始められたものだが、何度もご説明したように、教育組織を卒業した「留学人員」あるいは「海外学子」に関しては国家人事部が管轄することになっているので、1999年ギリギリに国家人事部がウェブサイト「グローバル・チャイナ・タレンツ・ネットワーク」を立ち上げると、国家人事部に任せるようになったという傾向がある。実は教育部と人事部の両方に接触しながら仕事を進めていた私は、どうも、両省庁間には縄張り争い的なところがあって、業績を競い合っているような感触を受けたことがある。

90年代半ばから、何度もシリコンバレーを訪れているが、SCOBAができ上がってから初めて訪問したときは、2001年の3月になっていた。サンフランシスコ空港には日本での教え子の李東（仮名）が迎えに来てくれた。文化大革命で10年間大学が閉鎖され、30代半ばになってから日本に留学し、大学院で博士学位を取得したあと、日本企業に就職した。しかし自分の実力を発揮させてはくれないと見切りをつけ、アメリカに渡った青年だ。

就職した先はモトローラで、最初のころは非常に喜んでいた。

日本ではワイシャツを着てネクタイを締め、背広まで着てからでないと出社できないが、ここシリコンバレーではポロシャツ1枚でもサンダル履きでも、誰も何も言わない。要は仕事ができさえすれば、その実力を認めてくれるので、日本のあの形を重んじる息苦しさから解き放たれて、この上なく嬉しいと語っていたものだ。

だというのに、今回は、もうそのモトローラを辞めてしまったという。

「あのモトローラを辞めた？　また、どうして？」

「学ぶものがなくなったからです」

「学ぶものがなくなった？　それって、どういうこと？」

「遠藤先生、シリコンバレーの住人は、一つの会社にずうっといるようなことは絶対にしません。シリコンバレー全体が一つの大きな組織のようなもので、僕らはその中を自由に動き回っていきます。僕は決してモトローラを捨てたんじゃない。僕は、そこを卒業したんです」

「卒業？　モトローラを？」

「そうですよ。ここでは企業は、終身そこに身を置くところではない。これが日本と最も異なるところです。僕たちはそこで学び、そこで自分の実力を発揮し、企業は僕らの技術を買って成長していく。しかし僕たちがそこに居続けるのは、そこから学ぶものがあるからです。学ぶものがなくなった瞬間、その職場を捨てる。これはここにあるすべての企業の鉄則で、みんなそうしてます。だから成長していくんです」

「まあ、そうなの。あなた自身も、そうやって成長したんですね」

「いやぁ、成長したなんて、そんなことはないけど、これはシリコンバレーの住人の常識ですよ。みんな、そうやっている。最初は大きな会社に入って、そこで学ぶことがなくなると、自ら辞めて、今度は小さなところに行くんです。そうすれば、経営者とともにいられるから。経営のノウハウを身につけることができる。ゼロからスタートした会社が、どうやって成長していくのか、あるいは失敗するのか、その全行程を見るんです。その学習が終わったら、その次には独立。自分でベンチャービジネスを起こしていく。これがシリコンバレーの生き方なんです」

「なるほど！　それって、すごい哲学ですね。アメリカっていうか、シリコンバレー魂っていうか、多くの中国人を惹きつけるはずですね……」

李東は、私をシリコンバレーにあるチャイナ・タウンに案内してくれた。シリコンバレーのＩＣ（Integrated Circuit）が、「Indian Chinese」の「ＩＣ」と呼ばれるようになったと、最初に教えてくれたのは彼だった。

翌日はＳＣＯＢＡ創設者の一人である彭澤忠に会った。アメリカに住む中国人のほとんどは英語名を持っている。彼の英語名はJack。そのあとに中国名の姓である彭の中国語ピンイン「Peng」を付けて、「Jack Peng」（以後、ペン）という名で呼ばれている。

ペンは１９５６年に、当時はまだ四川省だった重慶市に生まれた。１９７４年から77年までは文革の最後の段階に引っかかり、田舎に下放《かほう》されている。78年に鄧小平の大号令により大学受験が再開されたので、近くにある成都電訊工程学院に進学したのち、電子科技大学に転学した。半導体物理を専攻。大学卒業後、大学の主管部門だった電子工業部で5年間働いた後、ようやく出国を許可された。

中国では1990年代半ばまで、勤務奉公制度があり、それまでは国が大学の授業料を保証し、その大学を管轄する国家の部局の国営企業（のちの国有企業）に分配されるので、「5年間働いて、国家にご恩返しをしてからでないと出国してはならない」という規定があった。「お礼奉公システム」だ。だから、優秀な者は、なかなか出国できない状況に置かれていた。

1987年、ようやく出国。目指すはアメリカだ。英語能力試験TOEFLや大学受験の学力を測るGREにおいて高得点を得て、奨学金を獲得し、メリーランド大学に留学した。学位論文はデバイス・シミュレーション。同年の夏休み、ペンはシリコンバレーで開かれた研究会に参加して研究結果を発表した。

すると、なんと、あのAMD社（Advanced Micro Device, Inc）の人事部長が声をかけてきて「もし、時間があったら、会社に見学に来ないか」と言う。AMD社は、世界有数のアメリカの半導体メーカーだ。当時、インテルと世界の一、二を争っていた。

翌日、AMD社に顔を出したのだが、ホテルに戻るとすぐにAMD社から電話があり「合格したので、すぐに働いてほしいが、いつから出勤できるか？」と聞かれた。何のことはない、「ちょっと見学にでも来ないか？」は、実は面接だったのである。

まだ博士課程の1年生だったが、博士学位は働きながらでも取れる。「すぐ出社します」と答えた。ＡＭＤ社に入社してから2年後に博士学位を取得した。36歳になっていた。ＡＭＤ社で5年間働いた後、ペンは、１９９５年にＡＭＤ社を自ら辞職し、小さな、まだ立ち上げたばかりのベンチャー企業に就職した。そこへ行けば、自分の腹を痛めずに経営のノウハウをすべてゼロから学ぶことができるからだ。おまけにポテンシャルが高い。

こうして自立のための歩固めを着実に進んでいく。李東の場合と、まったく同じである。3年後の１９９８年、新しいベンチャー企業の成長をじっくり見届けたペンは、筋書き通りに独立してKilopass Corporation USAという会社を設立し、その総裁となる。中国名は「美国開路鵬股份有限公司」だ（美国は米国の中国語表現）。製品としてはネットワーク・ストレージ、eメール・サーバー、レーザー・カードや3D Demo等を提供し、深圳、上海および成都などの留学人員創業パークに支店を持つ。いま現在では、上海に「上海開路鵬信息設備有限公司」を創立しており、そこの「法人代表」に彼の名前があるのをネットで発見した。

もう留学人員創業パークから巣立って、一人前の会社を上海の中山路に構えているようだ。

シリコンバレーでは、多くのＳＣＯＢＡの仲間たちを取材したが、ここでは割愛しよう。ただ、２００1年3月のシリコンバレーの旅の最後に尋ねた「中国に引き揚げてしまうつもりはないのか」という質問に対する彼らの回答だけを書いて、旅を終わらせたいと思う。

――もし私たちがアメリカを完全に引き払って中国に全面的に引き揚げてしまったとすると、中国の発展は止まってしまうと思います。止まらないまでも、必ず限界が来るでしょう。私たちにとって、アメリカは中国を発展させる基地なのです。ここにいて、いや、少なくとも一部はここに残って、この日進月歩の目まぐるしいほどの最先鋭のハイテクを常に追いかけていること。この、生き馬の目を抜くようなレースの中にいなければ、それは一歩取り残されることを意味します。

かたや中国では、私たちは市場の開発を基本としています。市場を育て上げていくこと、このことに関しては、中国は無尽蔵の潜在力を持っています。そして国家が、われわれ海外にいる人材を必要として、われわれの研究成果を中国国土の上で花開かせていくことを奨励し、手を差し伸べています。また市場を育て上げるための方法をわれわれに求め、われわれの多くは、ＳＣＯＢＡの組織を通して、中国政府のアドバイザーの役割を果たします。

知力、人力、市場。どれを取っても、われわれはここにいて中国に貢献する方が中国にとっても有利なのです。国家はわれわれを知的資源の宝庫として位置づけ、大事にしてくれていますから、当然、私たちもその祖国にもっと喜んでほしいと、誰もが全面的な協力体制に入っています。

中国はいま、われわれに限りない尊厳を与えてくれて私たちの心を満たしてくれています。これが大切なんです。これがなければ、どこからもエネルギーは出てきません。

われわれは中国の市場を育てながら、アメリカを基地として中国の発展に貢献する。その橋梁の役割を果たそうとしているのです。

なお、拙著『中国がシリコンバレーとつながるとき』が出版されると、NHKから取材を受けた。大きな番組を制作したいので協力してくれと息せき切って私の研究室に来たその人の手にある私の本は、付箋紙で2倍ほどの分厚さになっていた。

「こんなことは全く知らなかったものですから、ほんとに驚きました。どれもこれも初めて知ることばかりで……」と、その付箋紙の多さを弁解していた。そんなにまで言ってくれるのならと、パリにいようがニューヨークにいようが、いつでも取材に応じた。その結果、「高級人材がやってくる」というタイトルの番組が放映されたようだ。

三、2008年「千人計画」と2012年「万人計画」

中国共産党機関紙「人民日報」の2018年4月17日付の電子版「人民網」によれば、改革開放後に中国から出国した中国人留学生の数は、2017年時の統計で516万4900人で、そのうち313万2000人が学業を終えて中国に帰国してきた。

その一方で、習近平政権になってから帰国した留学人員（元中国人留学生）の数は231万3600人で、彼らはみな学業を終えてから帰国している。今年2018年は改革開放40周年記念になるが、習近平政権が誕生したのは2012年11月に中共中央総書記、2013年3月に国家主席になったことを考えると、おおむね6年間。わずか6年間の間に帰国した留学人員の数が40年間かけて帰国した中国人留学生の数の73・87%を占めていることになる。如何に習近平政権に対して、留学生たちが期待をしているかの証拠だと、新華社は強調している。

これらは「中国人」の留学生だが、実は胡錦濤政権の２００８年から始まった人材集めである「千人計画」は、「ハイレベルの外国人の頭脳」を同時にヘッド・ハンティングせよという戦略だということに特徴がある。中には民族的には中華民族であるが、国籍としてアメリカやフランスあるいはドイツなど、外国籍を持っている者も含めている。

そのため「千人計画」は、途中から「外専千人計画」と呼ばれるようにもなった。「外専」とは「外国人（&外国籍中華民族）の専門家」という意味だ。その中には日本の大学の研究者がいることも注目される。

同じ胡錦濤政権時代の最後の年である２０１２年に始まった「万人計画」とともに、これらの計画のもう一つの特徴は、「外国の大学や研究所におけるハイレベル学者」を「中国の大学や研究所に招聘する」ということである。

それは「人材の持続性」を保つためだ。

その場限りの人材を〔２０２５〕のために集めても、その人材たちにだって年齢的な限界があり、次世代が育たない。すなわち、これらは次世代を育てるという目的も持った国家戦略なのである。

千人計画が生まれた背景

２００８年12月23日、中国共産党中央委員会（中共中央）弁公庁は、「海外ハイレベル人材を招致する計画に関する中央人材工作協調チームの意見」というものを発布した。「ハイレベル」であって、決して「ハイテク」に限定していない。

「中共中央組織部と人事部の現代版である人力資源・社会保障部」が、「教育部、科技部、中国人民銀行、国務院国有資産監督管理委員会（国資委）、中国科学院、中央統一戦線部（中央統戦部）、外交部、発展改革委員会（発改委）、工業・信息（情報）化部、公安部、財政部、国務院僑務弁公室（僑弁）、中国工程院、自然科学基金委員会、外国専門家局（外専局）、共青団中央、中国科学協会」などと協力しながら推進していく。

事務局は２００３年に設立された「中央人才工作協調小組」だ。「小組」は「グループ」「チーム」のようなニュアンスだが、中国では国家主席あるいは中共中央総書記の直轄下に、いくつもの「小組」があって、ブレインあるいはシンクタンクの役割を果たすので、決して低いレベルの「小さな組」ではなく、絶大な権力を持つ（２０１８年3月には「領導小組」の多くが「委員会」に格上げされている）。

地方政府は「百人計画」を推進する傍ら、全国的には約２０００人の頭脳を招致することを目的とするため、この計画を「千人計画」と称する。

招致する先は、国家重点創新プロジェクト、（大学などの）学科や実験室、あるいは研究所などで、教育機関が主たる対象となっている。一部は中央企業や国有商業金融機構など、ハイテク産業開発区にも招致する。

「千人計画」は英語では The Recruitment Program of Global Experts と訳されており、逆にこれを日本語に訳せば「グローバル人材のリクルート・プログラム」ということになる。

なぜ２００８年にこのようなプログラムが発足したかというと、背景の一つにノーベル物理学賞を受賞して帰国した唯一の中国人である楊振寧《ようしんねい》氏の存在がある。

１９２２年に中国の安徽省合肥市で生まれた楊振寧は、１９４４年に清華大学の修士学位を取得した翌年の１９４５年、奨学金を得てアメリカに留学し、１９４８年にシカゴ大学で統計力学や核物理学あるいは量子力学などで顕著な業績を残しているイタリア生まれのエンリコ・フェルミに師事して博士学位を取得する。

いくつかの大学で教えたあと、１９５５年にはプリンストン高等学術研究所の教授になっていたが、プリンストン時代に素粒子間の弱い相互作用におけるパリティ非保存に関して「パリティ対称性の破れ」があることを突き止め、１９５７年にノーベル物理学賞を受賞した。

「パリティ」というのは「偶奇性」のことで、「素粒子の内部構造を表す固有の性質の一つ」という説明に留めておこう。そうでないと、ここで量子力学や波動関数の説明までしなければならなくなるので、要するに素粒子領域で楊振寧という中国人が（同門の李政道とともに）アメリカでノーベル物理学賞を受賞し、これは「中国人」としては初めてのことだということだけ、まず認識しておいていただきたい。

但し、彼が出国したのは、中国がまだ「中華民国」の時代だったので、彼の国籍は「中華民国」。1964年にアメリカ国籍を取得したが、「大陸の人」ではなく、その意味での「中国人」ではなかった。

中国がどれだけ彼を欲しがったか、想像に難くない。

多くの努力を注いだ結果、楊振寧は胡錦濤政権時代の2003年に、ついに「中国大陸」に戻ってきた。生まれ故郷（安徽省）は、この大陸の中にある。胡錦濤も安徽省出身。その出自まで使って「あなたの祖国への帰還を祝賀します」と胡錦濤は楊振寧に述べている。胡錦濤は彼の住居を、胡錦濤の母校である清華大学の昔の学長室に定めたほどだ。

まだアメリカ籍のままで、やはりアメリカにいて中国の文化大革命なども知っているので、アメリカ籍までを放棄するほどには中国を信頼していなかったのかもしれない。

そして2008年、改革開放30周年記念のときに、楊振寧は「改革開放30周年記念における中国に最も影響を与えた海外専門家」として表彰を受ける。

こういった背景の中、「外国籍でもかまわない」という形で「千人計画」が始まったのである。

このころ科学分野のリーダーたちの72％は留学帰国人員たちだった。「海亀」（ハイグイ）と同じ発音の「海帰」（ハイグイ）という言葉が流行り、「海の彼方から帰ってきた人々」は、中国の原動力となっていた。「海帰」の割合は、中国科学院の院士が81％、中国工程院の院士が54％、国家自然科学賞受賞者の67％で、当時、全国にあった60個ほどの「留学人員創業パーク」には「海帰」によって5000社ほどのベンチャー企業が立ち上がっていた。この現状に「外国籍」を入れる戦略が加わったということになる。

最も重要な側面は、楊振寧が、どれだけ高齢になってもなお、教鞭をとり続けたことだ。常に若者を育成するということに力を注いでいた。当時国家主席だった胡錦濤が直接楊振寧に会ったときに、彼は大学院ではなく学部の学生に講義していた。それを目《ま》の当たりにした胡錦濤は感動し、「こんなご高齢なのに」と言ったところ、「いえ、科学者は自分の知識を次世代に伝えてこそ、その役割を果たすことができるのです。そうでないと、科学の発展は、そこで止まります」という回答が戻ってきたのである。

胡錦濤が「千人計画」を提起し、「次世代を育てるために、外国人専門家を含めた海外人材を、中国の大学や研究所に送りこまなければならない」と決意したのは、楊振寧のこの言葉にあったと、伝え聞く。

なお、2003年に前妻が他界した翌年の2004年、82歳になっていた楊振寧は、54歳も年下である28歳の中国大陸の女性と結婚し話題を振りまいた。そして2015年、ついに米国籍を捨てて中華人民共和国の中国籍に切り替えたのである。

狂乱する「人材狩り大作戦」

千人計画の対象者の欄には「国籍を問わない」という項目があるのが特徴的だ。

原則的に55歳以下で、海外で博士学位を取得した者という条件もある。財政部なども入っていることからもわかるように、必ずしも自然科学の分野だけとは限らず、経営や金融分野なども含んでいる。

気になる処遇の方だが、まず着任時に100万元（執筆時のレートで1645万円ほど）の一括補助金（所得税免除）が出て、その後は、たとえば日本と比べるなら、ほぼ日本における給料の2倍近い月収を出す。5年以内の中国国内における収入の内、住宅手当、飲食手当、引越し代、親族訪問にかかる経費、子女の教育費などについて免税となる。一応、招致人材の雇用機関が招致人材の帰国あるいは入国前の収入水準を参考に、本人と協議し、合理的な賃金額を決めるとなってはいるが、中国人で「祖国愛が強い人」は別だが、外国人は一般的には給料がよほど良くない限り動かない。したがって、給料は「魅力的な程度に」いいと考えていいだろう。

研究者にとって最も魅力的なのは、ふんだんな研究費の供与だ。

より高いレベルの人材を獲得しようと、中国の各地方政府が競争を始めている。

2017年3月24日付の「光明日報」（1949年6月に創刊された中共中央宣伝部直轄の新聞）は、研究者に対する史上最高の待遇として「年収500万元（約8225万円）、科研費3000万元（約5億円）」という金額が現れたと報じた。

それも地方の大学で、たとえば華北水利水電大学、杭州電子科技大学、天津工業大学などで、天津は別だが、わりあい地方に分散している。

これを中国語では「挖人大戦」（人を引っこ抜く大戦）という言葉で表現する。日本語的に言えば、といっても外来語だが、「ヘッド・ハンティング」に相当する言葉だと解釈できる。しかし、そのような知性的かつ冷静な言葉で表現できない状態が、この「挖人大戦」だ。ヘッド・ハンティングなら、かなり前から中国語には「猎人《リエレン》」という言葉があった。それとはニュアンスが異なる。

その証拠に、2018年に入ると【各地方の「挖人大戦」は、ほぼ「狂乱状態」に入った】と、中国大陸のウェブサイト「価値ライン」など多くのウェブサイトが報じている。中国文字では「疯（瘋）狂」が使われているので、それを「狂乱」と翻訳して表現しても、中国から何ら誹《そし》りを受けることはないと判断されるので、堂々と「狂乱」という言葉を使うことにする。

さて、それらを総合すると、おおむね以下のようになる。

全国50都市ほどが狂乱状態に入ったが、この現象は2017年あたりから始まり、最初は杭州、西安、武漢、成都、南京などを中心とした15都市だった。ところが2018年に入ると、その「狂乱」ぶりは尋常さを失い、香港までが「挖人大戦」の仲間入りをして、全国50都市に及ぶに至る。そこでは高給を始めとした好待遇争いが展開されているのだ。書類審査で合格し、面接に来る人には交通費、宿泊費だけでなく、面接手当まで企業あるいは大学や研究所側が支払う。

それは国内にいる人材をハンティングする領域にも広がり、まさに狂乱状態を呈しているのである。その主たる都市名だけでも列挙してみよう。

2018年5月：呼和浩特《フフホト》（内蒙古自治区）、天津市（直轄市）、香港特別行政区

2018年4月：石家庄《せっかそう》（河北省）、広州（広東省）
2018年3月：青島（山東省）、上海市（直轄市）、北京市（直轄市）
2018年2月：西安市（陝西省）、南京市（江蘇省）
2018年1月：合肥市（安徽省）
2017年11月：鄭州市（河南省）、蘇州市（江蘇省）
2017年9月：瀋陽市（遼寧省）
2017年8月：長沙市（湖南省）
2017年7月：厦門（アモイ）市（福建省）、成都市（四川省）
2017年6月：大連市（遼寧省）
2017年5月：済南市（山東省）
2017年1月：武漢市（湖北省）
……
などなどがある。

2012年「万人計画」

2012年年7月25日には「千人計画」によって集めた各領域におけるハイレベル人材が2263名に達したと、中国共産党の機関紙「人民日報」の電子版が伝えている。また2011年8月からは「千人計画」の中でさらに「外専千人計画」（外専：外国人専門家）を付け加えたので、2014年までに242人の外国人ハイレベル人材を中国に招聘することができたと発表した。これは中華民族だが外国籍を持っている人とは違い、外国の民族で外国の国籍を持っている、純粋な「外国人」のことである。

国籍に関してはは多岐にわたっており、アメリカ（ハーバード大学やマサチューセッツ工科大学、スタンフォード大学など）が圧倒的に多いものの、シンガポール（南洋理工大学やシンガポール国立大学）、イギリス、カナダ、ドイツ、デンマーク、オーストラリア、そして案外に日本が上位にランクインしている。

日本からのヘッド・ハンティングに関しては次にご説明するが、いずれにせよ「千人計画」で多くても2000人程度とした目標が達成されてしまったので、まだ胡錦濤政権時代だった2012年8月に「万人計画」なるものが発足した。

主催母体は千人計画と同じだが、今回は向こう10年間と期限を区切ったので、2022年まで行うということになろう。現時点で、千人計画を含めて、すでに合計7000人以上になっているので、前述のように期間内に実績を積もうと、各地方政府が競っているのである。

それというのも、2012年11月に中共中央総書記になった習近平は、12月5日に早速中国で研究に従事する外国人専門家と北京で座談会を開き、2014年年5月22日にも上海で「万人計画」に沿って中国に居住している外国人専門家との座談会を開いたため、習近平政権が万人計画に力を注ぐことを関係者が知ったからだ。

ハイレベル人材の対象としては、「中国の都市化建設、ハイエンドサービス業の発展、パブリック・ディプロマシー、大気汚染防止、ネットセキュリティ、食品安全なども含まれる」と人民網は伝えている。

四、ハイレベル人材の自給自足：ボーン・イン・チャイナへ

帰国留学人員からボーン・イン・チャイナへ

本章の冒頭にも述べたが、「千人計画」も「万人計画」も、みな「人材の持続性」を将来的に保証するために捻出された人材戦略である。

なぜなら中国には、１９６６年から76年にかけて教育機関が閉鎖されていたという、人材育成に関する「空白の10年間」がある。したがって政界だろうと経済界だろうと、年齢的にその時期にさしかかった若者たちは教育を受けていなくて、「人材の空白」があるのだ。

１９７８年12月に改革開放が宣言され、中国国内の大学も77年から再開されたものの、知的欲求に餓えて10年間も肉体労働に従事させられていた頭脳たちは、まるで堰《せき》を切ったように一斉に海外に出てしまった。国費留学生の出国が認められたのは１９８１年で、私費留学生は83年からである。

だから１９９６年の第九次五カ年計画から、海外に散らばった頭脳たちを呼び戻す「中国全

球人材信息網」というネットワークを形成して留学人員創業パークに招き入れたのだが、これにもやがては限界が来る。なぜなら、燃えるような知的欲求に衝かれて突進していった世代は、10年間のブランクを埋めるための凄まじいジャンプ力を持っていたが、中国が裕福になった後に生まれた「80后（バーリンホウ）」（1980年以降に生まれた者）や「90后（ジュウリンホウ）」（1990年以降に生まれた者）たちは、一人っ子政策で「小皇帝」あるいは「蝶よ、花よ」と甘やかされて育ち、まるで根性がない。白けた世代だ。

この世代に根性を持たせて、ハイレベルの人材を育てていくというのは、中国という国家の絶対的な課題なのである。お蔭で、「金儲けにだけは目がない民族性」を持っているので、ハイレベル人材となり、コア技術や経営のノウハウを身に付ければ、巨万の富を得ることができる道が開けるということを若者たちに教え込むのも課題の一つなのである。

「自分は中華民族である」ということに対する自尊心や誇りも強い。

そこで習近平政権は「中華民族の偉大なる復興」を政権スローガンとして、国内外にいる「中華民族」のハートを刺激することにした。これはかなりの成功を遂げており、中国に戻ってくる留学人員や、ついにアメリカ国籍を捨てて、中国の国籍を取得することにした楊振寧のようなノーベル賞受賞者も現れるに至ったわけだ。

トランプ政権はいま、在米の中国人留学生がアメリカの知的財産権を侵害し盗んでいるとして、在米中国人留学生のビザ更新期間をこれまでの5年間から1年間に短縮したり、入国審査を厳しくするように政策転換をしている。もちろんこれまで述べてきたように、中国ハイテク産業のコアとなる半導体の輸出制限をしたり、技術が盗まれるのを防ぐための様々な手段を講じているので、中国はこれまでのように海外にいる留学人員を帰国させるという形でハイレベル人材の確保をするということは困難になっていくだろう。

だから、人材そのものが「中国で生まれ育ち、中国で教育を受けた形で現れてくる」というところに持っていこうとしているのである。

そのためには中国国内の大学における教員が、第一級でなければならない。つまり人材の自給自足であり、ボーン・イン・チャイナ人材の育成である。これが「千人計画」や「万人計画」の最終目標なのである。

〔2025〕は、宇宙開発とともに2025年までに半導体などのコア技術の70%を自給自足させようという国家戦略だ。これを達成できれば、2035年あたりまでには90%を自給自足し、2045年あたりには100%を自給自足して、建国100周年記念である2049年までには完全に世界一になってアメリカを凌駕しようというのが、習近平政権の狙いだ。

世界大学ランキング──東大より上をいく清華大学

「教育は国家百年の大計」と言われるように、成果が出るまでにはかなりの時間がかかる。それでも最近の世界大学ランキングから、いかに中国の大学が躍進を始めたかを見て取ることができる。

たとえば世界大学ランキング調査をする調査組織として有名なものに、イギリスの大学評価機関クアクアレリ・シモンズ社「Quacquarelli Symonds（QS）」と、同じくイギリスの高等教育専門誌「Times Higher Education（THE）」というのがあるが、そのいずれにおいても、中国の清華大学は日本の東京大学を抜いている。

たとえば２０１８年６月６日に発表された「ＱＳ世界大学ランキング」では、中国からは65校がランク入りし、うち６校がトップ１００に入った。たとえば清華大学は世界17位で、昨年の25位から順位を上げている。中国国内での1位は、もちろん清華大学ということになる。それに比べて東京大学は世界ランキング23位で、清華大学に及ばない。

世界ランク1位は「マサチューセッツ工科大学（ＭＩＴ）」で、２位はスタンフォード大学、３位はハーバード大学だが、これらはすべて万人計画の招聘学者が所属していた大学であり、特に４位のカリフォルニア工科大学とは、シリコンバレーの関係上、中国とはパイプが太い。

また世界ランキング11位と12位のシンガポール国立大学と南洋理工大学は、やはり万人計画の外国人専門家の所属大学の中に入っている。

アジアのトップはシンガポール国立大学だが、３位は清華大学である。

これらの成果が出るまでには、まだ時間がかかるだろうと思われるが、〔２０２５〕に貢献するであろうことは言を俟《ま》たない。

一方、２０１８年2月7日に発表された「ＴＨＥ アジア大学ランキング」によれば、トップ20に中国が7大学も入っていた。1位はシンガポール国立大学で、2位に清華大学が入り、

3位も中国で、北京大学。トップ20の国・地域別の内訳は、中国7大学、韓国5大学、香港5大学、日本2大学、シンガポール2大学で、中国の大学の進出が目立つ。

もっとも、ノーベル賞受賞者の人数から言えば、日本の学術水準の高さは歴然としているが、それが経済の強さにどれだけ貢献しているかという視点から見ると、相当の問題が内在していることは否定できない。

五、清華大学の顧問委員会に数十名の米財界CEO

ドナルド・トランプが大統領選挙期間中から盛んに「中国を為替操作国に指定する」と言ってきたので、習近平はトランプが大統領になると何が起き得るかを分析してきた。

そこで強化したのが、習近平の母校である清華大学経済管理学院にある顧問委員会である。

２０１７年10月30日、第19回党大会を終えたばかりの習近平は、人民大会堂に顧問委員会の委員を呼んで座談会を開催した。顧問たちにお願いしたのは、人材養成への協力や米中の経済貿易や金融関係などに関して、ウィン-ウィンの関係を保ちたいという希望だった。この時点で既にトランプとの間の貿易摩擦が起きるであろうことは、十分に予測されていた。なぜならアメリカは、２０１７年8月18日の時点で既に、中国に対して通商法３０１条に基づく対中貿易制裁措置を適用する可能性があると発表していたからだ。もっとも、その約1週間後にはトランプの訪中を控えていたので、習近平は満面の笑みではあった。それに応えるかのような、フェイスブックのCEOである若いマーク・ザッカーバーグの興味深そうな表情が新鮮だった。

この顧問委員会は、清華大学の出身である朱鎔基元首相（国務院総理）が2000年に設立させたもので、もともとは90年代後半に朱鎔基首相が強力に推進していたWTO（世界貿易機関）に加盟するための経済貿易研究が目的だった。

顧問委員会の名誉主席は今も朱鎔基元首相だが、そこにはアメリカの大手企業のCEOが数十名も入っている。たとえば、ゴールドマンサックスの元CEOで元米財務長官だったヘンリー・ポールソンやJPモルガン・チェースのCEOであるジェイミー・ダイモンなどがおり、習近平は2016年になって、さらに新しくテスラ・モーターズやスペースXのCEOであるイーロン・マスク氏を委員に入れた。ザッカーバーグも新委員だ。

177〜179ページの表5は2018年10月に新たに発表された「2018年〜2019年　清華大学経済管理学院顧問委員会委員リスト」である。アメリカ大財閥がいかに多いかが一目瞭然だろう。その多くはキッシンジャー元米国務長官を通して中国入りしている。

習近平は彼らを手中におさめ、アメリカの金融・経済界をコントロールしている。それが現在の米中対立をどれほど複雑にしているかに関しては、第五章で詳細に考察する。

清華大学内に設置されたブラックストーンCEOの人材養成機構

顧問委員会の委員の中に米大手企業であるブラックストーン・グループのCEO、シュテファン・シュワルツマン（Stephen A. Schwarzman）がいることに注目していただきたい。シュワルツマンは蘇世民という中国語名を持っているほどの親中派で、習近平とも大の仲良し。実はトランプ政権が誕生してしばらくの間、「大統領戦略政策フォーラム」（16名）というトランプのブレインとなる組織があり、シュワルツマンはその議長を務めていた。習近平が新たに顧問委員会の委員に選んだイーロン・マスクは、シュワルツマンがフォーラムメンバーに選んでいる。このフォーラムはイーロン・マスクなどがトランプ政権の移民政策などに反対したことなどをきっかけに撤廃されてしまったが、二人とも清華大学の顧問委員会からは抜けていない。

そのシュワルツマンは清華大学の中に、「蘇世民書院（SCHWARZMAN SCHOLARS）」という、各界のトップリーダーを目指すグローバル人材養成機関を設立している。

アメリカを中心として、世界トップの経営者を教授として招聘し、書院を卒業したのちに関連したアメリカの大企業で実習させ、世界トップレベルの経営者を育てていく。顧問委員会の多くの委員がアメリカ大企業のCEOなどなので、その企業に行くケースが多い。

日本ではノーベル賞受賞者も多く、技術レベルも高いのに、経済は中国に遥かに立ち遅れてしまっているのは、製品を世に出していくスピードとビジネス展開のまずさに、その大きな原

表5 清華大学経済管理学院顧問委員会委員リスト（2018-2019）

■名誉主席

朱鎔基	清華大学経済管理学院主任院長（1984-2001） 中華人民共和国国務院総理（1998-2003）

■名誉委員

ロード・ブラウン・オブ・マディングリー	英国L1エナジー社経営執行役会長、 英国ホァーウェイ会長、BPグループ前CEO
ヘンリー・ポールソンJr.	ポールソン研究所代表、米国元財務長官、 ゴールドマン・サックス元会長兼CEO
リー・スコットJr.	BDTキャピタル&パートナーズ顧問委員会議長、 ウォルマート前社長兼CEO
王岐山	中華人民共和国副主事

■主席

ジム・ブライヤー	ブライヤー・キャピタル創業者およびCEO

■副主席

邱勇（きゅうゆう）	清華大学学長
銭穎一（せん えいいち）	清華大学美術人文社会科学終身教授、清華大学経済管理学院経済学教授、清華大学経済管理学院第四代院長（2006～2018）

■委員

メアリー・T・バッラ	ジェネラル・モーターズ会長兼CEO
ロイド・ブランクファイン	ゴールドマン・サックス会長
カルロス・ブリト	アンハイザー・ブッシュ・インベブCEO
常振寧（じょう しんめい）	中国中信集団董事長
陳吉寧（ちん きってい）	北京市市長、中華人民共和国環境保護部元部長、 清華大学元学長
陳元（ちん げん）	中国人民政治協商会議第12期全国委員会副主席、 国家開発銀行元董事長
ティム・クック	アップルCEO
マイケル・コルバット	シティグループCEO
マイケル・デル	デルテクノロジーズ会長兼CEO
ジェイミー・ダイモン	JPモルガン・チェース・アンド・カンパニー会長兼CEO
ロバート・ダッドリー	BPグループCEO
デニス・デュベルヌ	アクサグループ会長

■委員

ローレンス・D・フィンク	ブラックロック会長兼CEO
ウィリアム・フォード	ジェネラル・アトランティック(投資会社)CEO
馮国経(ビクター・フォン)	ファン・グループ(香港馮氏集団)グループ会長、 リー・アンド・ファン(利豊 Li & Fung)名誉会長
クリストファー・ガルビン	ハリソン・ストリート・キャピタル元会長兼CEO兼 共同創設者、モトローラ元会長兼CEO
ジェフリー・ギャレット	ペンシルベニア大学ウォートン校学部長
カルロス・ゴーン	ルノー取締役会長兼CEO、日産自動車会長、 三菱自動車工業会長
郭台銘(テリー・ゴウ)	フォックスコン・テクノロジー・グループ創設者兼CEO
マリオ・グレコ	チューリッヒ・インシュアランス・グループCEO
モーリス・グリーンバーグ	C.V.スター・アンド・カンパニー会長兼CEO
顧秉林(こ へいりん)	清華大学高等研究院院長、清華大学元学長
郭樹清(かく じゅせい)	中国人民銀行共産党委員会書記、中国人民銀行副総裁、 中国銀行保険監督管理委員会主席・党委員会書記、元山東省長
何晶(ホー・チン)	テマセク・ホールディングスCEO
出井伸之	クオンタムリープ株式会社代表取締役、ソニー元会長兼CEO
マター・ケント	コカ・コーラ会長
ヘンリー・R・クラビス	KKR(投資会社)共同創設者、共同CEO
ハラルド・クルーガー	BMW AG会長
ラモン・ラグアルタ	ペプシコCEO
ジョナサン・レビン	スタンフォード大学経営大学院研究科長
リック・レビン	コーセラ前CEO、エール大学前総長
李沢楷(リチャード・リー)	パシフィック・センチュリー・グループ会長
李彦宏(り げんこう/ロビン・リー)	百度共同創業者および董事長兼CEO
李栄融(り えいゆう)	国務院国有資産監督管理委員会前主任
劉鶴(りゅう かく)	中国共産党中央財経領導小組弁公室主任、 中共中央政治局委員、中華人民共和国国務院副総理
劉明康(りゅう めいこう)	中国銀行業監督管理委員会元主席
劉士余(りゅう しゆう)	中国証券監督管理委員会主席、党委員会書記
楼継偉(ろう けいい)	中国人民政治協商会議(CPPCC)第13期全国委員会 常務委員会常務委員、外事委員会主任、 全国社会保障基金理事会理事長、中国財政部元部長
アンドロニコ・ルークシック・C	ルークシックグループ(チリ)会長
馬雲(ジャック・マー)	アリババグループ創業者および会長

■委員

馬凱（ば　かい）	中国共産党中央政治局委員、 中華人民共和国国務院副総理（2013-2018）
馬化騰（ポニー・マー）	テンセント共同創業者およびCEO
エリック・マスキン	ハーバード大学教授、2007年ノーベル経済学賞受賞
ダグ・マクミロン	ウォルマート社長兼CEO
マイク・マクナマラ	フレクストロニクスCEO
イーロン・マスク	スペースX社共同設立者およびCEO、 テスラ・モーターズ会長兼CEO
サティア・ナデラ	マイクロソフトCEO
ニティン・ノーリア	ハーバードビジネススクール学長
インドラ・ヌーイ	ペプシコ会長兼CEO
ブライアン・L・ロバーツ	コムキャスト会長兼CEO
ジニ・ロメッティ	IBM会長兼社長兼CEO
デービッド・M・ルーベンシュタイン	カーライル・グループ（投資ファンド）共同創立者および共同CEO
デビッド・C・シュミッタライン	マサチューセッツ工科大学スローン経営大学院長
シュテファン・シュワルツマン	ブラックストーン・グループ（投資ファンド）共同創立者およびCEO
リスト・シラスマ	ノキア会長、エフセキュア創業者および会長
ケビン・スニーダー	マッキンゼー&カンパニー・グローバル・マネジング・パートナー
孫正義	ソフトバンクグループ株式会社会長兼社長
アンドリュー・マイケル・スペンス	ニューヨーク大学経営大学院教授、 2001年ノーベル経済学賞受賞者
ラタン・タタ	タタ・トラスツ会長、タタ・サンズ、タタ・インダストリーズ、 タタ・モーターズ、タタ・スチール、タタ・ケミカルズ名誉会長
ジョン・L・ソーントン	バリック・ゴールド経営執行役会長、 ブルッキングス研究所理事長
ベン・バン・ベアーデン	ロイヤル・ダッチ・シェルCEO
ジェイコブ・ウォーレンバーグ	インベスターAB会長
王大中（おう　だいちゅう）	清華大学元学長
揚敏徳（よう　びんとく）	エスケル・グループ会長
易綱（い　こう）	中国人民銀行行長
趙純均（ちょう　じゅんきん）	清華大学経済管理学院元院長
周小川（しゅう　しょうせん）	中国人民政治協商会議第12期全国委員会副主席、 中国人民銀行元行長
マーク・ザッカーバーグ	フェイスブック共同創業者およびCEO

出典：清華大学HP　http://www.sem.tsinghua.edu.cn/about/wyhmd.html
※ただし、このリストは2018年10月末日の情報に基づく。

因がある。そのことを考えると、半導体産業ではやがて日本に追いつき、経営のスピード感においてはアメリカに追いついていく中国の現状は、日本にとって、やがては脅威となっていくことが予測される。そういった嫌な未来像を阻止するためにも、中国が何をやっているのか、その実態を直視しなければならない。

蘇世民書院で教えている教授陣の多くは、アメリカのハーバード大学、マサチューセッツ工科大学、スタンフォード大学、イェール大学、カリフォルニア大学などの名門大学や、イギリスのオックスフォード大学やウェストミンスター大学あるいはシンガポールのシンガポール国立大学の教授や名誉教授など、錚々《そうそう》たるメンバーが30名ほど揃っている。

これらの教授陣の下でグローバル世界のトップリーダーとなるためのノウハウを学んだあと、顧問委員会が経営する、関連の企業で実習を行う。

「自由闊達こそが命だ」と骨の髄まで叩きこまれて羽ばたいていくとホームページにはあるが、言論弾圧の厳しい国で自由闊達はないだろう。もっとも、政治さえ語らなければ、「金儲け」と「ベンチャー」に関しては「自由」なのが中国の特徴でもある。

第四章
習近平の「宇宙支配」戦略

第三章の冒頭で述べたように、農民革命に成功した毛沢東は、科学技術とはほど遠いはずだった。しかし建国からまもなく核実験に成功し、その直後から10年間にわたる文化大革命（文革、１９６６～76年）を発動しながらもなお、宇宙開発をやめたことがない。１９５８年からの大躍進で３０００万人の餓死者を出し、文革において２０００万人以上の犠牲者を生んで中国経済を崩壊させながらも、文革の真っただ中に人工衛星の打ち上げに成功するのである。この戦略と執念が、現在の中国の「量子暗号」による世界制覇への基礎を成している。

「暗号を制する者が世界を制する」と言われるが、誰にも解読されない「量子暗号」と、それを搭載した「量子通信衛星」を最初に打ち上げたのは、アメリカでもなければ日本でもない、ほかならぬ中国だった。

その実績を見せた上で習近平国家主席は、２０１７年10月に開催された第19回党大会で「宇宙強国」への道を歩む決意を表明したのである。これは世界を制覇することを意味している。それだけではない。「量子暗号」は人類の歴史を変えてしまうだろう。

トランプ大統領が、このようなことを許しておくはずがない。言論弾圧をする国が宇宙を支配し世界を制覇する。それは考えただけでも恐ろしいことだ。だからトランプ政権は武器を使わない貿易戦争という形で中国に「挑戦」し、宇宙開発を支える〔２０２５〕を達成させまいと阻止している。

一方、わが日本はどうなのか。

日米同盟がありながら、「アメリカがダメなら日本へ」と近づいてくる習近平を喜んで迎え入れようとしており、むしろ習近平と会うことを名誉とし、政治業績としようとしている。習近平が権力闘争に明け暮れているという誤情報を発信し続けて日本国民を喜ばせ、習近平の真の狙いが見えなくなるようにさせてしまっている日本の中国研究者もメディアも、習近平を喜ばせるだけで日本の国益を損ねている。このままでは習近平勝利の可能性を、より高めていくことになるだろう。

本章では〔２０２５〕に潜む宇宙開発や、世界がしのぎを削っている「量子通信衛星」、特に「量子暗号」に焦点を当てて、習近平が目指す「宇宙支配」への準備を読み解くこととする。

一、世界初の量子通信衛星打ち上げに成功

世界初の量子通信衛星「墨子号《ぼくしごう》」が打ち上げに成功

２０１６年８月16日午前1時40分（日本時間午前2時40分）、新華網は、世界で初めての量子通信衛星「墨子号《ぼくしごう》」の打ち上げに成功したと伝えた。中央テレビ局ＣＣＴＶも速報で伝え、「長征《ちようせい》２号」ロケットを使い、中国甘粛省のゴビ砂漠にある酒泉衛星発射センターから発射したと、高揚感に満ちていた。

量子通信衛星は中国科学院宇宙科学先導特別プロジェクト第1陣の科学実験衛星の一つで、

その主な目的は、

●衛星・地球間高速量子暗号通信実験を行い、これを踏まえた上で広域量子暗号ネットワーク実験を行い、宇宙量子通信の実用化で重大な進展を目指すこと。

●宇宙スケールで「量子もつれ通信」や「量子テレポーテーション実験」を行い、宇宙スケールの量子力学の整合性を確認する実験・研究を行うこと。

などにある。

さあ、難しい専門用語がたくさん出てきてしまった。しっかり落ち着いて頭に入るように、一つ一つ、しかしできるだけ平易に、ご説明をしよう。

まず、「量子」とは何か?

量子というのは物理の世界で最小の、これ以上は分割不可能な物質やエネルギーの基本単位のことである。粒子と波の両方の性質を持ちあわせるため、粒子から見れば「最小物質」だし、波は「エネルギー」の塊なので、「エネルギーの基本単位」ということもできる。

光を「粒子」とみなしたときに「光子（フォトン）」と称するが、フォトンはエネルギーを持っている。だから「粒子（物質）」であると同時にエネルギーの塊」でもある。このエネルギーの塊は「波動」でもあり、量子は「粒子性と波動性を同時に持っている」と表現することもできる。

物質を形作っている原子そのものや、原子を形作っているさらに小さな電子・中性子・陽子といったものを量子ということもあれば、光を粒子として見たときの光子やニュートリノやクオーク、ミュオンなどといった素粒子を量子の中に含めて、量子と呼ぶこともある。

量子の世界は、原子や分子といったナノサイズ（1メートルの10億分の1）あるいはそれよりも小さな世界で、このような極めて小さな世界では、私たちの身の回りにある物理法則（ニュートン力学や電磁気学）は通用せず、「量子力学」という法則に従う。

物理を学ぶ者は、必ずこの「量子力学」を学び、「波動方程式」の関門を通過しなければ、次の領域に進むことができない。

では、「量子通信衛星」というのは何か？

細かな説明はすればするほど、そこに使われている専門用語をさらに説明しなければならなくなるので、ざっくりと言ってしまえば、「量子通信衛星」とは、「量子力学の原理を利用して、他者には解読不可能な暗号を用いた通信システムを構築するための人工衛星である」とでも言おうか。

解読不可能な暗号は、「量子暗号」といって、従来のセキュア通信とは異なり、解読に必要となる暗号キーの伝送媒体として光子を用いている。

「セキュア通信」というのは「第三者に盗聴されないように対策を施した通信のこと」で、われわれが普通に使うメールや電話なども、一応、「安全（secure、セキュア）だとみなされている。しかし、実際は盗聴可能だし、覗き見も可能である。

ところが「量子もつれ通信」となると、これは第三者が解読することが原理的に不可能なので、盗聴ができないと、今はみなされている。

この「量子もつれ」というのを分かりやすく説明することは困難だが、英語で「quantum entanglement（カンタム エンタングルメント）」と表現することからも分かるように、「量子の絡み合い」と解釈することができる。量子あるいは光子は、互いにどんなに遠く離れていても、間に如何なる媒体がなくても、互いに影響し合うことを指す。これは量子が、「波と粒子の二面性」を持っていると同時に「一つなのに、同時に複数の場所に存在する」という「状況の共存性」という、摩訶《まか》不思議な性格を持っているからである。あのアインシュタインも、それを概念的に、あるいは、これまでの知識でイメージできる感覚で理解するのは困難だと悩んだくらいだ。「理解できると言う人がいたら、その人は嘘つきだ！」と叫んだ物理学者さえいる。

だから、こんな難しいことを直感的に「なるほど」と分かることなど困難なので、結果的に何が起きるかをご説明した方がいいだろうと思う。

つまり、どちらかの状況に変化が起きると、もう片方にもすぐさま同じ影響が及ぶ現象を一種の遠隔作用というが、通信を暗号化し、盗聴を防ごうと思ったときに、二つの「もつれた量子」が途中で誰かにハッキングされたりすると、2点間で影響していた「もつれの法則」が壊れてしまい、遠隔作用が成立しなくなってしまう。そのため、ハッキングされたことが分かるので、こっそりハッキングや盗聴ができなくなるという効果があるのである。

人類の誰もが、この夢のような量子通信ができるための量子通信衛星の発射に成功したいと競争していたのに、「こともあろうに」というか、アメリカではなく、もちろん日本でもなく、こともあろうに、あの中国が先に成功したのだ。

世界で初めて打ち上げに成功したこの量子通信衛星の名前は、紀元前5世紀頃の中国の科学者であった墨子《ぼくし》（Mo-zi）にちなみ、「墨子号（Micius）」と命名された。日本では墨子は中国戦国時代の思想家として知られているが、中国では「中国最古の科学者の一人」と位置付けられていることが多い。墨子は物理の内の光学（オプティックス）に関して興味を持ち、光の直進性や反射、あるいはピンホール（小さな穴）によって実像を結ぶことなどを研究している。

「墨子号」は、長距離向けの量子通信技術の利用可能性を検証する実験に活用する目的で打ち上げられた。中国西部にある新疆《しんきょう》ウイグル自治区のウルムチと北京との間で、安全に情報をやりとりするために利用されている。

もう一つの難解な専門用語「量子テレポーテーション」は、この「量子もつれ」を利用して、二つの光子の間で、量子状態に関する情報を瞬時に転送する技術のことである。

「墨子号」チームの背景には「千人計画」

量子通信衛星を打ち上げるなどということが可能な背景には、必ず巨額の経費の保障が必要なので、アメリカでは「独裁国家中国」だからこそ、すべてをかなぐり捨てて巨額のカネをつぎ込んだ結果だと、腹立たしげに分析する傾向にあるが、必ずしもそうではない。

これまで本書で一貫して追跡してきた「人材の獲得」にこそ、その成功の鍵がある。

「墨子号」チームのリーダーとなっていた人物は、中国科学院の院士の一人である潘建偉《はんけんい》(Pan-jian-wei　パンジェンウェイ）だ。

潘建偉は、1970年に浙江省に生まれた物理学者で（今年わずかに48歳！）、2005年に、中国にある八大民主党派の一つである「九三学社」に入党したという、珍しい存在である。中国共産党員ではない。現在は中国科学技術大学（中国科学院管轄。安徽省）の常務副学長や中国科学院量子信息（情報）・量子科学技術創新研究院院長などを務める。

中国科学院の院士であると同時にオーストリア科学院の外国籍院士でもある。2017年12月19日に「十大科学人物」に選ばれ、「量子の父」という称号をもらった。同日の人民網は、その年1年で科学に重要な影響を与えた「今年の10人」をネイチャー誌が選出し、中国からは潘建偉が選ばれたと伝えている。

潘建偉は国家「千人計画」の特別招聘専門家の一人で、20年ほど前（1996年、26歳で）、オーストリアに留学したときに、オーストリア科学アカデミー院長で宇宙航空科学において最高権威を持つツァイリンガー（Zeilinger）教授に会っている。初対面は、1996年の10月。そのときツァイリンガー教授に、「あなたの夢は何ですか？」と聞かれたそうだ。すると若気の至りもあって、つい「中国で世界一流の量子物理実験室を持つことです」と答えたとのこと。

潘建偉は当時を思い出し、「生まれたばかりの子牛は虎を恐れない」という諺《ことわざ》を用いて、「経験の乏しい若者はこわさを知らないがゆえに無鉄砲なまねをするものだ」と照れながらも、結局その夢を捨てきれずに、帰国後の2001年に中国科学技術大学で量子物理学・量子情報実験室を持つことが叶い、こんにちまで走り続けてきたと、墨子号発射の後のインタビューで語っている。

そして強調したのは、「中共中央が、人材優先の戦略を打ち出し、大々的な国家支援をしてくれたことが成功につながった」と感慨を漏らした。最後に「中共中央」や「習近平」を礼賛するのはメディアに出る中国人の習慣に近い「慣用句」という一面はあるものの、それを差し引いても、おそらく人材優先戦略は少なからぬ当事者に影響を与えていることは否めない。

吉林大学の黄大年教授も、18年に及ぶイギリスにおける研究を放棄して、「千人計画」の招聘学者として2009年に帰国し、航空宇宙地球物理探索技術研究に従事することとなった。

このとき彼に帰国を決意させた理由は、中国が大々的に「千人計画」という人材戦略を策定し、国家予算を思いきりそこに注ぐという確固たる国家戦略に基づいて動こうとしている、その本気度を感じたからだという。「国家がこの私を宝物のようにして欲しがってくれており、大きな国家事業に向けてまい進しようとしている。自分の人生がそこで必要とされているというのなら、戻って祖国のために尽くそう、という自尊心と尊厳を抱かせた」と述べている。「イギリスにいたら、このような世界初の偉業を成し遂げるような事業に携わることができたのか否かは疑問だ」と、やはり「墨子号」と述懐している。

2016年11月23日、CCTVでは「墨子号」発射成功後のインタビューで述懐している。「墨子号の背後で動いていた人材制度に関する思考」というタイトルの特集番組が制作されたが、そこには以下のようなことが書いてある。

——2012年11月、第18回党大会において、習近平同志を核心とする中共中央は人材業務に関して最も高い関心を払い、天下から集まった人材を活用すべく、グローバル競争に打ち勝つことのできる人材制度の完成を加速させた。千人計画の学者、潘建偉を中心とした開発チームが世界初の量子通信衛星「墨子号」打ち上げ成功という大事業を成し遂げたことは、国内外に大きな反響を巻き起こした。世界中の多くの記者たちがこの驚くべき現象を報道したが、潘建偉チームは「世界に追いつけ」から「世界のトップを走る」中国を、現実のものとさせたと、驚きを隠さなかった。それは中国の人材制度の優勢を示すものであり、今後のわが国の科学技術の進歩と人材の発展を如実に示唆するものとして人類の歴史に輝くだろう。

つまり、「人材」に対する中国の戦略があったからこそ、墨子号の打ち上げに成功したのだということが言いたいわけだ。

「墨子号」開発に当たっては、中国科学技術大学を中心として、中国科学院の上海技術物理研究所、中国科学院（北京本院）光電技術研究所、中国科学院上海微小衛星工程センター、中国科学院紫金山天文台、中国科学院国家天文台など、十数個におよぶ研究所や大学が一体となって協力している。

この墨子号を打ち上げる際、潘建偉の指導教官だったオーストリアのツァイリンガーがリーダーを務めるチームが、ヨーロッパの多くの優秀な量子物理学チームが関係する宇宙局と協力して、宇宙と地上を結ぶ通信を試みている。

中国はアメリカを追い越したのか？

２０１６年８月16日のアメリカのウォールストリート・ジャーナルは、“China’s Latest

Leap Forward Isn't Just Great—It's Quantum"（中国の最近の「大躍進」は、まさに偉大なんじゃないか――それは量子だ）というタイトルの記事を掲載した。毛沢東が１９５８年にイギリスを15年で追い越すとした「大躍進」（Great Leap Forward）は、悲惨な結果をもたらし、３０００万人の餓死者を生んだ。しかし最近の「躍進」は、本当に「Great」なのかもしれないという、英語のユーモアを込めた、なんとも絶妙な味があっていい。

ウォールストリート・ジャーナルは、中国が世界初の量子通信衛星を打ち上げたことにより、「アメリカは中国に負けてしまったのか」という危機感を覚えていることを表し、主として以下のような論考を展開している。

●ゴビ砂漠から16日未明に打ち上げられた量子通信衛星「墨子」搭載のロケット長征２号Dは、科学の最も挑戦的な一分野の最前線に中国を押し上げる見通しだ。それによって中国は、喉から手が出るほどに欲しい通信技術を求めて競争しているサイバー・スパイの時代に世界のライバルを大きく引き離す態勢を確保できる。

●ジュネーブ大学のニコラス・ギシン教授（量子物理学）は「中国は、量子衛星レースに勝利する公算が極めて大きい」と述べ、「それは、中国が大規模で野心的なプロジェクトを計画・実現する能力を持っていることを改めて示している」と語った。

●中国政府は、量子研究や、重さ１４００ポンド（約６３５キログラム）の量子通信衛星を製造するのにいくらかかったのか公表していない。少なくとも量子物理学を含む基礎研究予算は２００５年の19億ドルから２０１５年の１０１０億ドルにまで上昇していることはたしかだ。

●アメリカが7月にまとめた議会報告書によれば、「アメリカ連邦政府の量子研究予算は年間約2億ドル」とのこと。同報告書は、「量子科学の発展はアメリカ国家安全保障を強化させる」と書いているが、実際の資金規模の変動を見れば、強化させるどころか、後退させているのではないか。

●「この分野における中国の投資は米国のサイバー能力の恐怖によって一部動かされている」と、サイバーセキュリティに特化した「ニュー・アメリカ」のフェロー、ジョン・コステロ氏は言っている。彼は同時に、「アメリカが中国のネットワークに深く入り込んでいる」という2013年の暴露を指摘してもいる（著者注：スノーデンのことを指しているのか?）。彼はまた、アメリカの研究機関が、現在セキュア通信用に世界中で使われているベースの暗号化を打ち砕くことが理論的に可能な、強力な量子コンピュータの構築方法を、中国が研究していると指摘した。

●「中国が電子的スパイ活動が可能になるところまで成長していることを危惧している」と、コステロ氏は述べている。

以上がウォールストリート・ジャーナルに載っている概要だが、これに対して北京航空航天大学（天：宇宙）の黄海軍副学長は、以下のようなコメントを出している。

――1998年に私は国家の傑出した青年科学基金を獲得したのだが、それはわずか30万元だった（1元は15円前後で変動）。しかし現在の航空宇宙に対して集中的に注がれて

図1　研究開発費の推移（UNESCO統計、1996年～2016年）

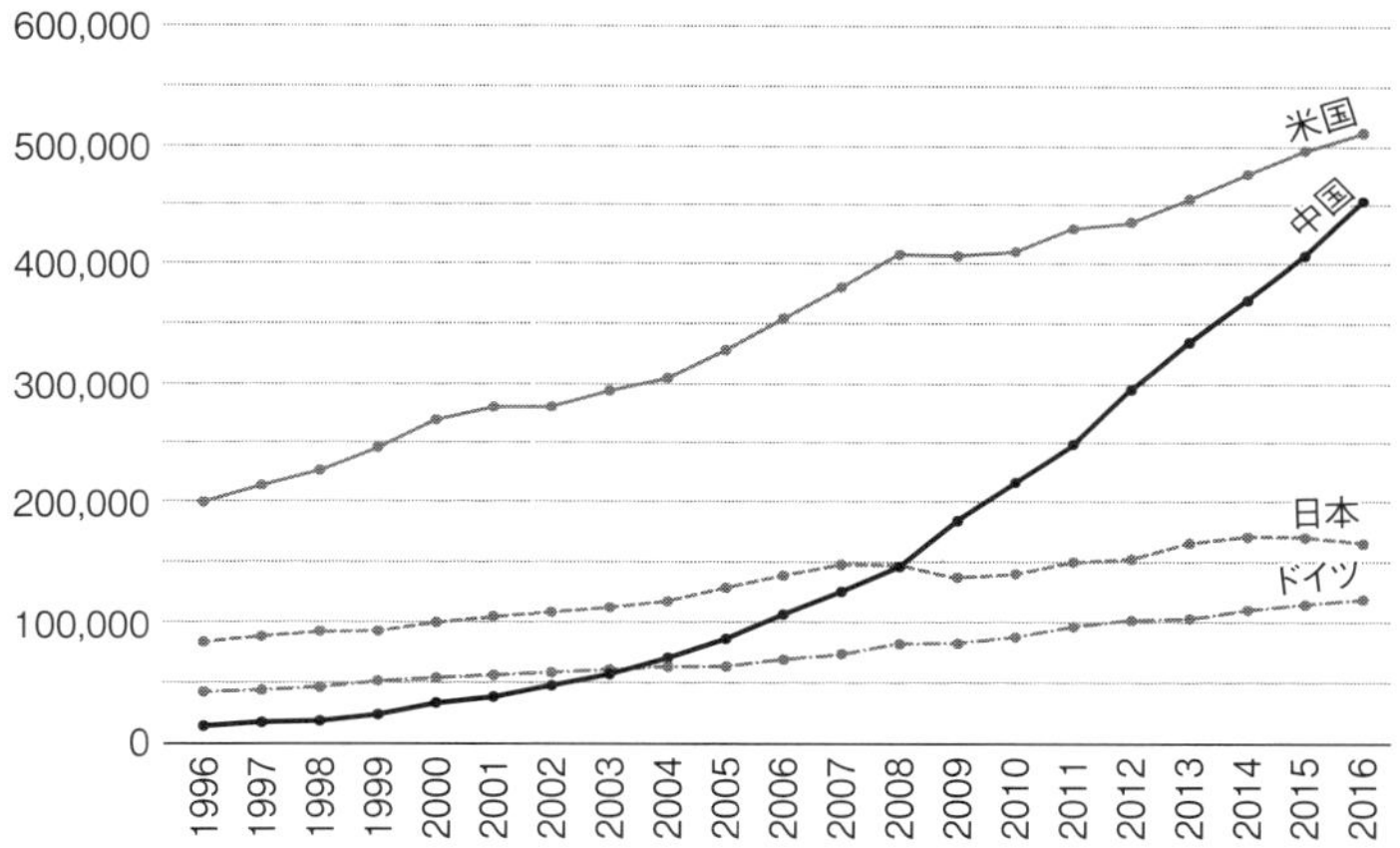

単位:100万ドル　出典:UNESCO　データ更新日:2018年7月4日

いる経費は３２００万元だ。２０１５年、国連のユネスコは、中国の研究開発に注いでいる国家予算は、アメリカに次ぐ世界第二となっていると述べている。力の入れ方が違う。アメリカも中国を追い抜きたければ、人材と国家研究開発費を注げばいいだけのことだ。中国は人材制度が卓越し、大きな国家目標があり、われわれ中華民族がそれに共鳴したことに成功の鍵がある。

　どの論理が正しいとか正しくないかとかは別として、ともかく関係国が注いでいる研究開発費の推移を、客観的データで見てみよう。まず、ユネスコが２０１８年７月４日に出している関係国の研究開発費の推移を図１に示す。

　２０１６年のデータまでしかないが、図１

図2 研究開発費の推移（2000年〜2012年及び2024年までの予測）

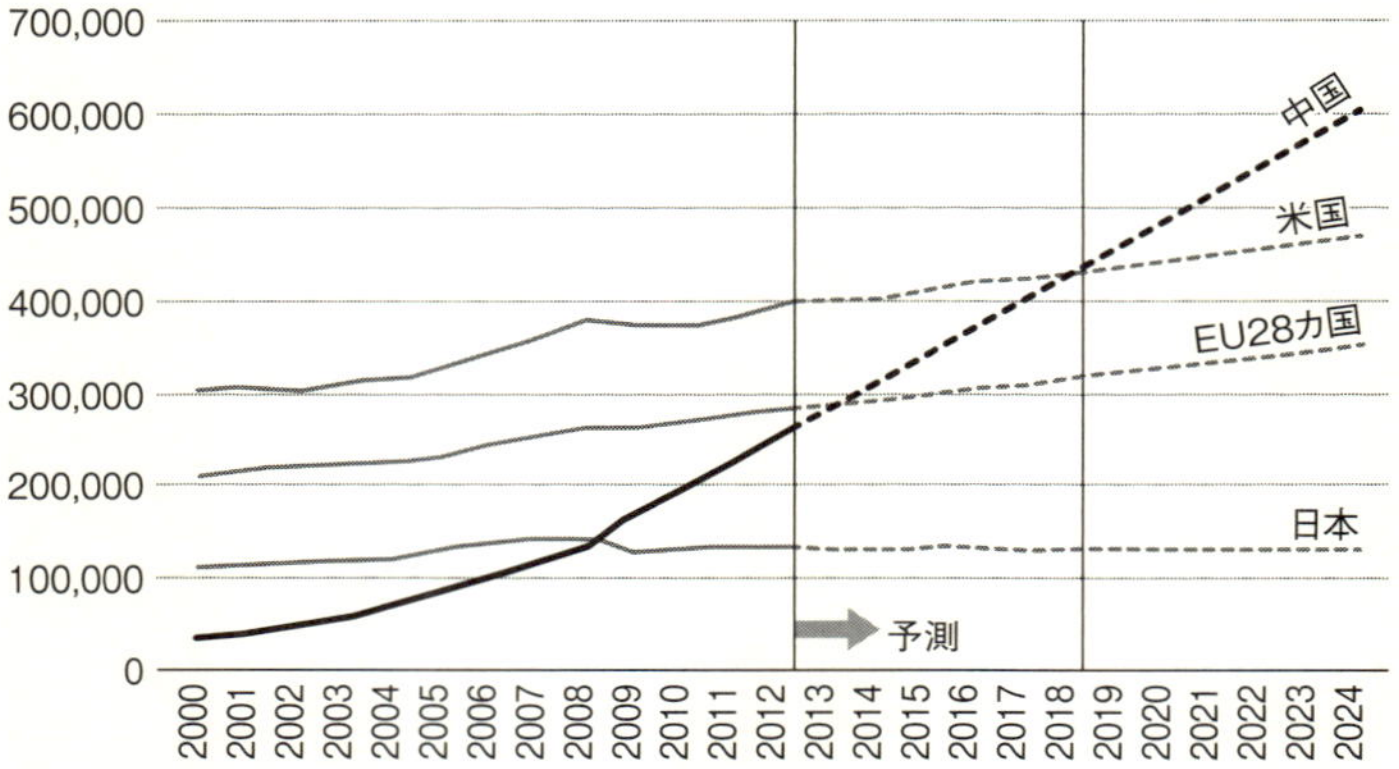

研究開発費総額:2005年100万USドル, PPP
出典:OECD東京センターWebサイト(https://news.mynavi.jp/article/20141113-a367/)

から明らかなように、中国が急激な伸びを示している。

１９９６年は第九次五カ年計画が始まった年で、このときに国家人事部がシリコンバレーなどを中心として、世界各地で活躍している中国人留学人員に帰国を呼びかけて留学人員創業パークで創業するように誘いこみ始めた年だ。研究開発費は、日本に比べても非常に低い。

ところが２００８年の「千人計画」が始まると、ちょうど日本と同じになり、２０１２年の「万人計画」に入ったときには日本を遥かに追い抜き、２０１６年にはアメリカに近づきつつある。

一方、今後どうなっていくのか、予測をしたデータがある。経済協力開発機構（ＯＥＣＤ）が２０１４年に発表した「科学技術産業アウトルック２０１４年版」によれば、中国は研究開発費において、２０１９年あたりには日本・米国・ＥＵなどを追い抜き、世界１位になると予想している。

〔２０２５〕が完成する２０２５年には、完全にアメリカを抜くことになり、それはアメリカが最も恐れる「量子通信」及び「量子コンピュータ」の世界へとにじり寄っていくことを意味する。トランプ政権が警戒しない方がおかしいと言っていいだろう。

なお、前出のコステロ氏は２０１６年３月４日の"Popular Science"で、「もし墨子号が打ち上げに成功すれば、中国は量子通信技術界において世界のトップを歩むことになるだろう」と書いている。彼は同論評を、「もし墨子号が成功したら、中国はおそらく２０２０年までにアジアとヨーロッパをつなぐ量子暗号鍵のネットワーク形成に成功し、２０３０年までには全地球を覆う量子通信ネットワークを手にすることになるだろう」と結んでいる。この論評の５カ月後に墨子号は打ち上げに成功した。そして２０１７年９月29日に中国は量子暗号通信に成功するのである。

二、世界初の量子暗号通信に成功
――量子暗号を制する者が世界を制する

墨子号が大陸間量子暗号通信に世界で初めて成功

２０１８年1月20日、中国政府の「新華網」は、中国科技大学が1月19日に物理学界における世界的権威のある学術雑誌「Physical Review（フィジカル・レビュー）」の速報紙である「Physical Review Letters（フィジカル・レビュー・レターズ）」に実験結果の速報を載せ、しかもそれがトップニュースとして表紙を飾ったと伝えた。載せさせてくれと頼んできたのは、むしろ「Physical Review Letters」のエディター側であったという。

中国とオーストリアの間で、墨子号を介して量子暗号による通信に成功したという内容だ。中国科学院の院長、白春礼と、オーストリア科学アカデミーのツァイリンガーは、２０１７年9月29日に量子暗号を用いた世界初の大陸横断ビデオ会議を行ったとのこと。

中国科技大学の潘建偉と同僚の彭承志らでつくる研究チームは、中国科学院上海技術物理研究所の王建宇が率いる研究チームやマイクロサット・イノベーション研究院、国家宇宙科学センターといった機構と共同で、オーストリア科学アカデミーのツァイリンガーが率いる研究チームと協力し、量子通信衛星「墨子号」を使い、中国とオーストリアの間で距離７６００㎞の「大陸間量子鍵配送」を実現し、鍵の共有による暗号化データ伝送と動画通信を実現したのである。

この「鍵」というのは、こういうことだ。

宇宙空間を周っている墨子号から、ある「量子暗号」を発信したとする。この暗号を用いて、地上にあるA地点とB地点が通信したとする。万一にも通信がハッキングされた場合は、量子のもつれが破たんするので、互いにハッキングされたことに気づく。そこで次の光子のペアを用いて通信できるように墨子号が新しく通信できる「量子暗号」を発信して、A地点の人とB地点の人との交信を可能にさせる。この合致した光子のペアを「鍵」というのだと、概念的に理解してほしい。

「鍵」の共有による暗号化されたデータ伝送と画像による通信を実現したということだ。この成果は、墨子号がすでに「大陸間量子機密通信」の能力を備えていることを示している。

新華網によれば、実は中国科学院とオーストリア科学アカデミーとは、２０１１年末に北京で「大陸間量子通信協力協定」に署名していた。なぜオーストリアかというと、オーストリアの科学アカデミーが、量子テレポーテーション理論に関して１９９３年に提唱し、97年には実証していたからだ。しかし、このときはまだ実用化が進んでいなかった。

中国科技大学の潘建偉がオーストリアに留学したのは、まさにこのころだった。彼は１９９６年にウィーン大学の博士課程に入学して量子通信に関して学び、99年に同テーマで博士学位を取得している。その間の１９９８年に量子通信の最高権威であるオーストリア科学アカデミーのツァイリンガー院長に会っているのである。弱冠26歳から28歳のころだった。

中国とオーストリアの量子通信に関する協力は、このときにスタートしていたと言っても過言ではないだろう。形になったのが、２０１１年の「大陸間量子通信協力協定」で、成功したのが２０１６年の墨子号打ち上げという流れになる。

実用化にまで漕ぎ着けたのは、中国側、潘建偉チームだった。

そのときには既に、両国間で大陸間量子鍵配送を実現することを計画していた。墨子号は正確には６３１kgで、南極と北極を結んで、高度５００㎞の軌道を95分間で一周し、運用予定期間を一応2年間としている。

２０１７年9月29日、中国科学院の白春礼院長とオーストリア科学アカデミーのツァイリンガー院長は量子暗号を用いた世界初の大陸横断ビデオ会議を行った。地上と衛星との間で量子暗号を用いて量子通信をしただけでなく、地上における大陸間横断を実施したわけだ。

実験において、墨子号は河北省興隆《こうりゅう》市とオーストリア・グラーツの地上基地で衛星・地上間量子鍵配送を実施した。指令制御衛星を中継とし、興隆地上基地とグラーツ地上基地間の鍵共有を実現した。

実験中の鍵共有量は、約８００キロバイト。鍵共有に基づき、ワンタイムパッドの暗号化を採用し、共同チームは北京とウィーンの間でも画像暗号化伝送を行った。共同チームは高級暗号化標準「AES-128」と結びつけ、シードを1秒毎に更新し、北京からウィーンに至る暗号化動画通信システムを構築した。さらにこれを利用し、75分間にわたる中国科学院とオーストリア科学院の大陸間量子機密ビデオ会議を行った。両国のアカデミーの院長が史上初めての量子暗号を用いた機密会議を行ったのである。

墨子号と各国・地域の地上基地間の連結の実現は、墨子号と世界の任意の地点で量子通信を行う実現性と普遍性を示しており、量子通信衛星国際技術標準の形成の基礎を固めたことになる。

あと5年か10年で宇宙空間を支配できる

論文の著者の一人である中国科技大学高級工程師の廖勝凱は、新華網の記者に次のように語っている。

――大陸間量子暗号通信を実行している間、データは「大陸間量子鍵配送」という「鍵」化された量子暗号によって伝達される。いかなる人もその通信内容を盗聴することもできなければ、ハッキングすることもできない。これは今のところ、人類にとって最も安全な通信手段だ。おまけに量子暗号を使っているということ以外は、通信環境も画像の解像度も、ふつうの地上におけるテレビ会談と同じだ。

しかし、量子暗号を共有するための、もっと広範な宇宙空間ネットワークとしては、まだまだ技術を高めなければならない側面があるのも否めない。

そのためには墨子号だけでなく、ほかにもいくつかの量子通信衛星を打ち上げて、常に宇宙空間を周回しているようにさせ、大陸間の量子暗号通信の効率を高めていかなければならないという課題が残っている。

この課題を達成するには、あと5年か、長くても10年のさらなる研究開発が必要となってくる。

このプロジェクトは引き続き、中国科技大学の潘建偉や彭承志などが指揮する研究チームと、中国科学院上海技術物理研究所の王建宇らが率いる研究チーム、微小衛星創新研究院、光電技術研究所、国家天文台、国家空間科学センターなどの中国側プロジェクト・チームと、オーストリアのツァイリンガー研究チームによる共同研究として展開していくとのことだ。

「Physical Review」のレフリーも、「10年はかかるだろう」と言っていると、新華網は伝えた。今年は2018年。〔2025〕まではあと7年ある。キー・パーツの70％を自給自足にすれば、中国の宇宙支配はもっと堅固なものとなるだろう。量子通信衛星でも多くの高度な半導体を必要とするのだから。

一方で潘建偉は、現在地球を周回している墨子号の高さに関して懸念し、課題を述べている。現在は地上から高度500㎞の軌道を回っているので、量子暗号を発信して通信できる地上の範囲が限られてしまう。そこで、「中国は5年以内に高度を2万㎞まで上げる別の新型量子通信衛星を打ち上げるつもりだ」と語っている。

暗号を制した者が世界を制する

古今東西、暗号こそが国家間紛争の勝敗を決めてきたということができる。最も身近なところでは、先の第二次世界大戦、太平洋戦争だ。

日本は多くの暗号を捻出するも、それはすべてアメリカに解読されていた。そして惨敗。日本はまた日独伊三カ国で同盟を結び、それ以外のほぼ全世界の連合国側の国と戦ったわけだが、日本もドイツも小国ながらも、最初のころはこの全世界を相手にしてでも、それなりの「破竹の勢い?」で進軍できたのは、日本の暗号技術とともにナチス・ドイツのローター式暗号機（エニグマ）に負うところが大きい。

連合国側は途中からエニグマ解読に成功していたが、その事実は徹底して秘密にされ、ナチス・ドイツは１９４５年5月に、日本より先に降参するまで、エニグマを使用し続けた。

このナチスの暗号を解読した功労者の一人に、イギリスのアラン・マシスン・チューリング（１９１２年6月23日〜54年6月7日）という暗号解読者がいる。彼がいなかったら、果たしてドイツを敗北に追いやることができたか否かも怪しいほど、彼の功績は大きい。

しかし、チューリングには哀しい物語がある。

少年のころから並外れた数学的能力があり、のちにチューリング・マシーンと呼ばれる現在のコンピュータの基礎を築いたようなチューリングには、同性愛的傾向があったのだ。当時のイギリスでは同性愛は犯罪行為だった。

そのため彼は、１９５２年に逮捕され、「投獄か保護観察か」の二者択一を迫られる。投獄を逃れるために、女性ホルモンの投与を強制されるのだが、その屈辱に耐えかねたのだろう、１９５４年に自殺してしまった。誕生日前だったので、まだ41歳だった。青酸カリの中毒によるものとされたが、死体のベッドの脇にはかじりかけのリンゴが落ちていたという。

同僚によれば、「白雪姫」の映画を鑑賞した後、チューリングが「魔法の秘薬にリンゴを浸けよう、永遠なる眠りが染み込むように」と言っていたとのこと。惜しい人を亡くしたものだ。

もしチューリングが生きていれば、量子暗号に関して中国とオーストリアが協力体制に入ることもなかっただろうし、戦後の国際社会の中で、かつてのあの大英帝国の威光を失ってイギリスが没落していくことも、もしかしたら、なかったかもしれない。アメリカ一国が強国となって世界のトップに立つこともなく、暗号を牛耳《ぎゆうじ》った者が世界を制するという原則に従って、中国をこのように「のさばらせなかった」かもしれないのである。

2001年の6月23日、彼が生きていたら89回目の誕生日を迎えるその日を記念して、マンチェスター大学に隣接するサックビル・パークに、ベンチに座っている姿のチューリングの銅像が設置された。銅像のチューリングが手にリンゴを持っていることが何とも哀しい。

2009年、イギリスのプログラマーで作家でもあるカミングは、イギリス政府に対して、チューリングを同性愛で告発したことを謝罪するよう請願活動を始めた。これに対して数千の署名が集まり、当時のイギリスのブラウン首相は、同年9月に政府として正式な謝罪を表明している。2013年にはエリザベス女王の名の下に正式に恩赦《おんしや》が発効した。

何をしようと、もう遅い。

今、世界で最高の解読できない通信技術を持っているのは、残念ながら中国である。

欧米も日本も、一定程度までの技術を持ってはいるが、それを実行に移すだけの経費を持っていないし、強烈な動機も持っていない。中国よりも早くから高いレベルの技術を持っていたにもかかわらず、それを実現させなかった。実行力が欠如している。

２０１６年８月16日の時点で、量子暗号通信衛星の打ち上げに成功したのは、唯一、中国だけだった。そして２０１７年９月29日の時点で、量子暗号を用いて世界初の大陸横断ビデオ会議に成功したのもまた、中国である。この時点では「中国によって暗号と通信の歴史が塗り替えられようとしているし、それによって中国が世界を変えようとしていた」ことは、残念ながら確かだったかもしれない。

ところが、２０１８年10月26日、「ボストン―ワシントン」間で量子暗号ネットワークが成立したと報道された。報道したのはＩＴニュースブログ Tech Crunch のエディターの Zack Whittaker 氏で、滑川海彦氏が日本語に翻訳して紹介している。それによれば、アメリカ東海岸に設置された全長８００キロの未使用の光ケーブルが（２０１８）年内に本格的な商用量子暗号ネットワークとして活用されるという。まさに凌ぎを削る競争が行われていると言えよう。

三、世界最大の量子コンピュータ建設

若き天才数学者であり暗号解読者であり、さらに現在のコンピュータの基礎を創ったのがイ

ギリスのチューリングなら、人類最先端の量子コンピュータの建設に携わり、中国で「量子の鬼才」と呼ばれているのは、若き陸朝陽《りくちょうよう》だ。１９８２年に中国の浙江省で生まれた。「量子の父」と中国で呼ばれている潘建偉の弟子でもある。

ベンチに座るチューリングの銅像の手に、リンゴを持たせるような悲劇が起きていなければ、中国はこの「量子の鬼才」を生み出すことはできなかったかもしれない。

18個の光量子ビットのもつれを中国が実現

２０１８年7月3日の人民日報（中国共産党機関紙）は、中国科学技術大学の潘建偉とその同僚の陸朝陽、劉乃楽、汪喜林らが、６つの光子の「偏向、ルート（パス。光の進む経路）、軌道角運動量」の3つの自由度を調節することで、世界初となる18個の光量子ビットのもつれに成功し、すべての物理体系における「もつれ数の世界記録」を更新したと報じた。この成果は「編集者推薦」により、「Physical Review Letters」（フィジカル・レビュー・レターズ）に掲載されたという。

「複数の粒子もつれの操作は、量子計算が超越できない技術的難題として、世界の競争の中心になっている。潘建偉のチームは２０１６年末に、10個の光子ビットと10個の超伝導量子ビットのもつれを実現し、この二つの世界記録を更新し維持してきた。長年にわたる模索と技術の難関突破により、研究チームは18個の光量子ビットのもつれの実験と厳格な複数体もつれの検証を実現し、すべての物理体系におけるもつれ数の世界記録を更新した。同成果は大スケール・高効率量子情報技術に応用可能であり、同時に中国が世界の複数体もつれの研究をけん引し続けていることの証となっている」と、人民日報は誇らしげだ。

量子ビットとは量子コンピュータで扱われる情報の最小単位で、複数個の量子ビット間の量子もつれの制御は、量子通信や量子コンピュータの実現に欠かせない技術的難題として、今、世界の研究開発競争の中心になっている。

量子コンピュータというのは、これまでご説明してきた「量子」の特殊性を利用して作動するコンピュータで、複数の計算を同時に実行でき、現在使われている最速のスーパー・コンピュータのさらに数億倍ともいわれる高速計算が可能とされている。

現在使われているコンピュータは、「0か1か」あるいは「オンかオフ」かという2種類の状態しか取り得ない。だから（連続的に作動する）アナログではなく、（離散的にとびとびの値で作動する）デジタルと呼ばれている。

ところが量子コンピュータは「同時に0と1の状態で作動する」ことができる、忍者のような計算方法を取る。量子が「粒子であると同時に波動だから」だ。

世界初の光量子コンピュータ、中国が開発に成功

一方、それより1年ほど前の新華網は、中国が世界初の「光量子コンピュータ」の開発に成功したと伝えている。２０１７年5月4日のことだ。

それによれば、中国科技大学の潘建偉や陸朝陽らは、上海市で同年5月3日、中国の科学研

究チームが光量子コンピュータの開発に成功したと発表したとのこと。実験・測定結果によると、この試作機のサンプル計算速度は、世界の同業者による実験の2万4000倍以上に達しているという。

この前後に、日本の東京大学と科学技術振興機構（JST）の研究グループでも、また京都大学と北海道大学の研究グループでも、「究極の大規模光量子コンピュータ実現法を発明」とか「光量子コンピュータの実現に一歩」といった形で、少なくとも「実現に近づいた」と報じている。東京大学のニュースは2017年9月22日の報道で、京都大学のニュースは2018年5月30日の報道だ。

そのほか、グーグルや、この分野で世界トップと言われているIBMでも、「いやいや、われわれこそが先に……」といった、生き馬の目を抜くような競争状態が世界を駆け巡っているのが現状だ。ただ、IBMの会長兼社長兼CEOも、IBMが共同開発しているJPモルガン・チェース社の会長兼CEOもみな、清華大学経済管理学院顧問委員会の委員だし、この競争に参戦しているマイクロソフトのCEOも同様に顧問委員だ。彼らはみな、習近平のお膝元にいて協力しているので、競争関係は複雑である。

「光量子コンピュータ」というのは、「光を用いた量子計算をするコンピュータ」である。

ともかく世界は今、「暗号を制する者が世界を制する」という事実と、それが光を用いたものか、はたまた他の手段（超伝導とか電子のスピンなど）を用いたものであれ、ともかく「量子ビット」を基本単位とした「量子コンピュータ」をどの国が、そして誰が先に実用化させるかを競っているのである。

この実用化に関しては、途方もなく大きな、巨額の経費が必要とされるので、その「経費の投入」と「国家としての絶対的意思決定」を持っている国が勝つということになろう。

194ページの図2をご覧いただけば一目瞭然。

この中から中国を除くことは、今やもう許される状況ではない。

それを支えている頭脳こそが、若き陸朝陽なのである。

光量子コンピュータの〝鬼才〟と呼ばれる青年、陸朝陽

2017年5月7日、中国大陸の「百家号」というウェブサイトが陸朝陽の物語を特集した。「奇跡中の奇跡」というイメージの、日本語には訳しにくいタイトルを付けていた。「珍しくて、玉のように美しい花」転じて「優れた人やもの」を指す言葉を用いている。

その冒頭には、新華網と類似の説明がある。


——2017年年5月3日、中国科学院が上海市で記者会見を行いました。世界で初めての光量子コンピュータが中国で誕生したのです！　これは中国科技大学、中国科学院とアリババ量子実験室、浙江大学、中国科学院物理学研究所などのチームによって完成されましたが、なんと言っても注目すべきは、これは「完全に中国人自身によって製造されたものだ」ということなのです！

皆さん、わかっていますか？　純粋にわれわれ中国人が製造したのですよ！

これは疑いもなく、中国の科学技術界にとって心躍る知らせであり、中国科学界が目指していた雄大な目標でありました。それを達成した背後には、なんと「80后」(バーリンホウ)の科学者がいたのです。

人呼んで「量子の鬼才!」、そう、われわれの、あの陸朝陽なのです!

興奮した様子が伝わってくる。

ここでは他のウェブサイトの紹介も含めながら、総合的に、しかしかいつまんで、陸朝陽のことを紹介したいと思う。

陸朝陽は1982年12月に浙江省の東陽市画水鎮陸秀村という田舎で生まれた。どこにでもいるような農家の子供だった。2000年に中国科技大学物理学系に入学し、2004年に卒業することになっていた。

卒業後は本来、マイクロ・エレクトロニクス方面に進もうと思っていたのだが、あるとき同郷の会に出たときに、オーストリアから戻ってきたばかりの潘建偉教授に出会った。彼と会話をした瞬間、陸朝陽はたちまち魅了されてしまい、迷うことなく中国科技大学がある安徽省合肥市のマイクロ・スケール物質科学国家実験室量子物理・量子情報研究科の修士課程に進むことを決意し、潘建偉研究室で光子のもつれと量子コンピュータの研究に従事するようになる。

2011年にはイギリスの奨学金を得て、ケンブリッジ大学のキャベンディッシュ研究所(Cavendish Laboratory)で博士学位を取得する。キャベンディッシュ研究所というのは、ケンブリッジ大学の中でも飛びぬけて優秀なところで、核物理学のメッカとも呼ばれている。2

012年までの時点で、29人ものノーベル物理学賞受賞者を生んだ、最高権威の研究所だ。

博士学位を取得すると同時に、陸朝陽はケンブリッジ大学チャーチル学院のフェロー(Fellow)に選ばれた。フェローになれる確率は1%だという。

そして同じ年の2011年に、中国政府が進めている「青年千人計画」の科学者にも選ばれ、わずか29歳で中国科技大学の教授に就任する。その後、さまざまな賞を受賞して、2016年にはイギリスの総合学術雑誌「NATURE(ネイチャー)」の「中国十大科学の星」に選ばれる。

こうして2017年に、世界最初の光量子コンピュータの製作に成功したのである。

その間にイギリスやアメリカの学術誌に多くの論文を載せているが、それは省こう。

ともかく「量子の父」と呼ばれる潘建偉の下ではあるものの、この光量子コンピュータに関しては、陸朝陽に負うところが大きい。だから誰もが陸朝陽を「量子の鬼才」と呼ぶに至る。

陸朝陽が留学した先がイギリスだったということもあろうが、なぜか陸朝陽を語るとき、私は哀しい死を遂げたチューリングのことを思い出す。

チューリングを死に追いやってさえいなければ、世界は変わっていただろう。

今、中国が世界を変えようとしている。

その主人公は潘建偉でもあり、それ以上に陸朝陽であると言ってもいいだろう。

二人とも、日本人から見れば不思議に思われるだろうが、中国共産党員ではなく、毛沢東が建国の際に残した八大民主党派の中の一つ、「九三学社」に入党している。

「九三学社」というのはもともと1919年の五四運動の流れをくむもので、「中華民国」時代の1944年に「民主科学座談会」を設立し、五四運動にちなんで1946年5月4日に「九三学社」と改名して誕生した党派である。科学技術振興を目的とする。総数は17万人弱だが、中国科学院の院士が180人もいるという珍しい党派だ。

実は2002年のことだが、九三学社があまりに力を持ち、しかも財力を蓄えたということに警戒感を抱いた当時の国家主席、江沢民は、「三つの代表」という政権スローガンを突如打ち出し、民間企業の社長も中国共産党員になっていいことに決めた。言うならば「資本家」的立場にある民間企業経営者が社会主義国家中国の執政党である中国共産党に入党することになるのだから、反対する党の老幹部が多く、大変な議論が持ち上がった。しかし結局その年に開催された第16回党大会で党規約の中に書き込むことが決議された。

それくらい九三学社というのは、実力を持っている。九三学社が輩出した研究者は「千人計画」や「万人計画」が目指す、「若手研究者の育成」と「人材資源の持続性」の成功例として注目に値する。習近平政府が、潘建偉や陸朝陽に中国共産党に入党することを強要しないこともまた興味深い。

四、中国独自の宇宙ステーション

国際宇宙ステーションから外されている中国

中国は、日米が主導する「国際宇宙ステーション」から外されてきた。国際宇宙ステーションが軍事的あるいは防衛的色彩を帯びていることから、アメリカが中国の参加を拒んできたからだ。そのため中国は「中国独自の宇宙ステーション」を構築することに執念を燃やしてきた。国際宇宙ステーションの寿命が尽きる前に、中国独自の宇宙ステーションを打ち上げようとしている。

日本のウィキペディアに近い存在の中国の百度百科には、国際宇宙ステーションとして、以下のような説明がある。

●中国が参入しているか否か：否
●最終退役はいつごろか：2024年。どんなに延期しても2028年
●最も適切な次の宇宙ステーションを担う国はどこか：中国
　中国が独自の宇宙ステーションを創りあげ、次世代を担う

これは政府の意思決定による文書を書いたものではなく、ウィキペディアのような形で、中国大陸のネットで、ただ単に「国際宇宙ステーション」と入力して検索したら出てくる説明の中に現れる表現だ。

なんということだと思ってしまうが、中国にとって、日米が主導している「国際宇宙ステー

ション」は、宇宙空間から中国を排除する宿敵であり、なんとしても追い越したい指標でもあることが見てとれる。

国際宇宙ステーション計画が最初に持ち上がったのは、1981年から89年までアメリカの大統領を務めたレーガンが、米ソ冷戦期における宇宙競争において、西側諸国の結束力をアピールしようとして提案したものが始まりだった。しかし1991年12月に冷戦相手のソ連(ソヴィエット連邦)が崩壊してしまうと、連邦から外れてしまい民主選挙を行うようになったロシアを、むしろアメリカ側に引き寄せ、取り込んでしまった方がいいのではないかという方向に政策転換がなされた。つまり初期の目的である「共産主義国家圏」と「民主主義国家圏」を分ける形になったわけだ。

そこで「アメリカ、ロシア、日本、カナダ、および欧州宇宙機関」を中心として、1999年から軌道上の組み立てが開始され、2011年に有人宇宙施設として完成したのが、現在の国際宇宙ステーションである。欧州宇宙機関の加盟国は「ベルギー、デンマーク、フランス、ドイツ、イタリア、オランダ、ノルウェー、スペイン、スウェーデン、スイス、イギリス」などで、参加国は少しずつ増えている。インドも参加を申し出ているが、中国同様に受け入れられていない。

もっとも、国際宇宙ステーションのスタートまでのプロセスも、そう順調ではなかった。アメリカやヨーロッパの財政難やスペースシャトル「チャレンジャー」の爆発事故(1986年チャレンジャーは打ち上げ73秒後に爆発し、7名の宇宙飛行士全員が死亡した)だけでなく、そもそも米ソ冷戦構造が崩壊したので、政治的意義はないのではないかという意見もあり、遅々として進まなかった。

またアメリカがロシアを取り込もうとしたために、もともと有人人工衛星に強かった旧ソ連の一部であったロシアは、自己存在のアピールというか、発言力が大きくなり、常にロシア人飛行士が滞在することを主張したため、ギクシャクしていた。１９９８年にロシアが製造したザーリャ・モジュールが打ち上げられて国際宇宙ステーションが１９９９年にスタートしたものの、２００３年2月にスペースシャトル「コロンビア」が空中分解したため、ステーションの建設が一時中断したほどである。

私は実は、「コロンビア」が大気圏再突入の際にテキサス上空で空中分解する瞬間を、ニューヨークの飛行場にある上昇するエレベーターの中で見ていた。例の科研の「中国人元留学生の日本留学と欧米留学の留学効果に関する比較」の最終段階を仕上げるために、ニューヨークにあるチャイナ・タウンも見ておかなければならないと思って、ニューヨークに飛んだときのことだ。

空港に着いて荷物を受け取り、タクシーに乗るために地上に上がるエレベーターに乗ったとき、誰もがエレベーターに取り付けてあるテレビ画面にクギ付けになっていた。ちょうど「コロンビア」が大気圏に再突入する瞬間だったので、期待と喜びに胸ふくらませながら小さなテレビ画面にすべての神経を集中させていたのだ。次の瞬間、その張りつめた期待は大きな悲鳴に変わった。炎を上げて空中分解し、搭乗員7人全員が死亡したのだ。

泣き出す人もいたが、「まあ、おれたちが乗ってきた飛行機だって、ああならないとも限らない。９１１を考えれば、まだいい方だ」と同僚が慰めていた。２００1年9月11日にニューヨークで起きた、飛行機を用いた同時多発テロ。あれからまだ2年も経っていない時期のことだ。

現在、中国とロシアは、トランプ政権のお蔭で、軍事的にさえ緊密に連携しているので、蜜《みつ》月《げつ》状態にあると言っていい。習近平とプーチンの仲の良さはほかに類がなく、２０１８年6月8日に新設された中華人民共和国「友誼勲章」の初めての授与式が北京の人民大会堂の「ゴールデンホール」で盛大に行われ、習近平国家主席がロシアのプーチン大統領に授与したほどだ。かつてないほどの儀式の華麗さは、まるで新しい王様が誕生するようなムードを醸《かも》し出し、プーチンは思わず苦笑いをしてしまったほどである。

特にロシア疑惑が消えないトランプ大統領としては、参加国ロシアの存在は微妙だろう。「国際宇宙ステーション」には、中国は参加を許されていない。排除されている」という事実は、中国にとっては、きっと「許しがたいこと」であり、「報復の執念を強く抱く対象」となったであろうことは、容易に想像がつく。

キャッチ・アップする中国独自の宇宙ステーション

この「報復の執念」を中国が抱いたのは、国際宇宙ステーションが正式にスタートした１９９９年前後のことだろうが、それはまさに潘建偉らがオーストリアの科学アカデミーと密接な関係を持ち、量子通信衛星に情熱を注ぎ始める時期と一致している。

中国は、「後発の利」を最大限に活かしている国だ。

日米などが主導する国際宇宙ステーションには、中国の墨子号が持っているような量子暗号による機能はない。しかし中国は、国際宇宙ステーションが2024年には退役すると踏んで、次世代の中国独自の宇宙ステーションには「量子暗号通信機能」を搭載しようと計画しているのである。

中国政府は「中国趕超《ガンツァオ》（中国・キャッチアップ）」という形で、中国の宇宙ステーションを位置づけている。「中国は宇宙技術領域において、やがて最先端（のアメリカ）に追いつき追い越す」という自信に満ちてスタートさせたのが、中国の宇宙ステーション「天宮《てんぐう》（Tian-gong）」シリーズだ。

本書第一章で「中国製造2025」発布内容の本文に関して詳細に書いたのは、そこに「航空宇宙装備や通信設備」に関して「密かに」盛り込まれているからであった。また「民間用宇宙事業」という言葉もあり、宇宙開発は〔2025〕の一環として位置づけられていることが読みとれる。

これがあまり表面化しないように配慮しながら、しかし、しっかり実行に移すというのが中国の戦略実行の際のやり方だ。中国が本気で狙っていればいるほど、それを「誰にでもわかる形としては表現しない」ところに、中国の怖さがある。不透明だと言われる所以《ゆえん》でもあろう。

第三章の五で、清華大学経済管理学院の顧問委員会委員リストをご紹介したが、2016年になって習近平は突如、イーロン・マスクを顧問委員の一人に選んだ。それはイーロン・マスクが民間用の人工衛星開発を手掛けているからである。

このように中国は国際宇宙ステーションが消滅する前に、中国の宇宙ステーションを完成すべく着々と事業を進めているのである。

「天宮」は日本語で「てんきゅう」と読ませている場合が多いが、私にはどうも馴染めない。中国語読みの「Tian-gong」をカタカナで書くと「ティエン・ゴン」。したがって、ここでは「てんぐう」と読むことにしたい。前にも書いたが、中国語で「天」は宇宙の意味である。

「天宮1号」は2011年9月29日に、甘粛省にある酒泉衛星発射センターから打ち上げられた。中国初の宇宙ステーションとされているが、実際は宇宙実験室のひな形およびドッキング試験宇宙船で、ドッキング技術の習得が目的だった。無人の神舟8号の自動ドッキングや有人の神舟9号および神舟10号による手動と自動両方のドッキングに成功している。

ただ、2016年3月16日から制御不能となり、「いつ、どこに落ちるか分からない」と世界を騒然とさせたが、2018年4月2日に南太平洋ハイチ近くの海底に落下した。そこは「宇宙デブリ（人工衛星の破片）の墓場」と呼ばれている場所で、落ちても人に被害が及ばない安全地帯だ。中国政府は「そこに誘導したのであって、制御不能にはなってはいない」と言い張ったが、「結果オーライだっただけだ」と世界は見ていて、「運がよかったね」と中国のネットにさえ書かれたほどである。

天宮1号の重さは8・5トンと、そう重くはないが、万一にも人口密度の高い場所に落ちれば、大きな災害をもたらすと、気を揉ませた。

２０１６年9月15日には「天宮2号」の打ち上げに成功している。天宮2号は1号をベースに改良製造された８・６トン級の宇宙ステーション試験機で、ドッキング標的機だった天宮１号に対し、2号は宇宙実験室と位置付けられる。天宮1号に比べてさまざまな実験が行えるように改良されており、10メートルクラスのロボットアームが新たに取り付けられている。同年の10月18日には神舟11号がドッキングし、有人運用が始まった。１カ月後の11月16日に神舟11号が切り離され、有人運用を終了した。

２０１７年4月22日には、無人補給船「天舟1号」と宇宙実験室「天宮2号」が自動ドッキングを順調に完了した。天宮2号は長期運用が期待できると中国は言っている。天宮2号に宇宙飛行士を2〜４人送り、船内で30日間生活し勤務させることができるのだという。その間、無人補給船が補給を担当する。

中国は２０２０年までに重さ66トンの天宮3号の建設に着手し、２０２２年までに建設を終える計画を立てている。つまり、２０２２年までに本格的に宇宙ステーションを稼動させ、現在の国際宇宙ステーションの次の世代を、中国が宇宙で担うという計画を立てている。

打ち上げに使うのは「長征5号」の予定だ。構成要素としては、コアモジュール「天和」(Tian-he：TH)、二つの実験モジュール「問天」(Wen-tian：WT) と「巡天」(Xun-tian：XT)、および無人補給船「天舟」(Tian-zhou：TZ) を、同時にオプションとして打ち上げるとのこと。いずれも「天」の文字が付いている。

これまでの国際宇宙センターと違うのは、なんといっても天宮の中に量子暗号による通信装置が配備されていることで、搭乗員が量子暗号による通信装置のメンテナンスに宇宙ステーション内で携わるという。最終目標は一群の静止衛星で世界全体をカバーするつもりでいる。すべての西側諸国は中国独自の宇宙ステーションに頼るしかないだろうと、鼻息は荒い。

２０１８年９月27日の人民網は、天宮２号が２０１９年７月まで軌道上を飛行し、その後軌道から離脱させると発表した。

それによれば、北京市で９月26日に開かれた有人宇宙事業応用成果状況発表会で、「天宮２号は今月（９月）25日まで、軌道上を正常に７３８日間にわたって飛行しており、平均高度は４００キロ前後の低高度の円軌道上にある」とのこと。中国有人宇宙事業弁公室の林西強副主任は「中国の有人宇宙事業はすでに、一連の重要な宇宙応用成果を手にしている」と述べた。

２０２１年に火星着陸、２０１８年末再度の月面探査

２０１８年９月17日から19日にかけて、第1回世界公衆科学素養促進大会「宇宙探査と人類の未来」が北京の国家会議センターで開催され、その分科会で中国の宇宙探査における各種計画が紹介された。新華網が９月19日に伝えた。それによれば、中国は２０２０年と２０２８年に火星探査任務を実施するとのこと。

中国国家航天局系統工程司の李国平司長は「中国は深宇宙探査プロジェクトを計画中で、４つの任務を考えている」として、まずは現在実行中の二つの任務に関して紹介した。

1回目の任務：2020年7月に火星探査機を打ち上げ、10カ月間の飛行を経て2021年に火星に到達し、火星に着陸して巡視・探査を行う。

2回目の任務：2028年ごろに2回目の火星探査任務を行い、火星の土壌サンプルを収集し地球に帰還する。

中国はさらに小惑星探査を行い、2030年ごろに木星系と惑星系の探査を展開する。現在は1回目の探査任務を実施中で、その後の3回目の任務については、国務院の批准を待っているとのことだ。

また、今年（2018年）12月には「嫦娥《こうが》4号」が探査機を月面に軟着陸させ、中国の月面探査の第4期工程を2030年前までに完成させるとした。その後、月面に研究開発ステーションを建設するそうだ。そこではどうしてもロボットを使った探査になるので、AI（Artificial Intelligence、人工知能）の開発が急がれるとのこと。

中国の月面探査に関しては、拙著『チャイナ・ナイン　中国を動かす9人の男たち』でかなり詳細に触れたが、中国は核分裂を中心とした原子力発電（原発）ではなく、核融合で巨大で安全な電力が得られるプラズマ発電の実現を目標としている。

月面にはプラズマ発電のためのヘリウム3が大量にある。このヘリウム3を採取するために、なんとしても月面に研究開発ステーションを設置したいのである。

特に福島の原発事故があってからは、原発事故の深刻さとともに、原発の使用済み放射性廃棄物の処理に何十年もかかり、しかも廃棄物の廃棄場所さえなくなりつつあることを考え、一刻も早いヘリウム３によるプラズマ核融合発電の実現へと加速しているのが現状だ。夢のエネルギーと言われ、実験室での実現以外は困難で日常的な使用は不可能ではないかと思われてきたが、量子暗号と共に、大きなターゲットの一つとしている。

１９６６年に国連総会で採択され67年に発効した「宇宙条約（別名、宇宙憲章）」では「天体を含む宇宙空間に対しては、いずれの国家も領有権を主張することはできない」となっており、かつ「月、その他の天体はもっぱら平和のために利用され、軍事利用は一切禁止する」とも規定されている。しかし「資源の利用」に関しては制限を設けていない。

一方、１９７９年に国連総会で採決され、84年に発効した「月協定（月その他の天体における国家活動を律する協定）」（Moon Agreement）では、国家だけでなく、個人や企業も含む「土地・資源の所有権の否定」などが定められている。月協定の第11条には「月はいずれの国家の専有にもならない。月の表面や地下、天然資源は、いかなる国家・機関・団体・個人にも所有されない。なお、月の天然資源が開発可能となったときは、その開発を律する国際的レジームを設立する」とある。

ところがアメリカや日本をはじめとして、ほとんどの国が加盟しておらず、現実的には死文化しているのに等しい。よもや、中国がここまで宇宙開発を進めているとは、誰も思っていなかったからだろう。それをいいことに、中国は月資源であるヘリウム３を採取することを名目として、近い将来に月面に「基地」を作ることは確かだ。それを軍事化しないという保証がどこにあるだろうか。

「2015国防白書」——恐るべき戦略「軍民融合」

2000年代に入るとアメリカの宇宙ベンチャーの動きが活発になってきた。テスラーのイーロン・マスクの「スペースX」や、アマゾン創業者ジェフ・ベゾスの「ブルー・オリジン」などが宇宙事業に参入し、民間で宇宙旅行を実現する構想を打ち出し始めた。

それを政府として後押ししたのが、米大統領だったバラク・オバマ氏だ。彼もなかなかにやる。

2015年11月25日に「2015宇宙法」を成立させたのである。

なんと宇宙条約で禁止されている「国家による領有権を主張することはできない」の裏をかいて、「個人あるいは企業による所有は許される」という趣旨の内容を「宇宙法」に盛り込んでしまったのだ。こんなことをしたら、月の領有権も資源採取も、「個人や企業なら許される」ということになってしまう。こうしておいて、民間の宇宙開発を促進させた。月協定に関しては、主要国はどこも加盟していないので死文化しているものとして無視。

新しい島を目指して、その島を発見した者がその領有権を持つことができるなんてことになったら、「冒険野郎」の冒険心を激しくくすぐるだろう。

その島が「天体」だったら？

天体の領有権や資源を、個人なら所有してもいいとなったら、何が起きるのか？

さあ、ここからが面白い！

2018年9月9日、環球網は「中国製造2025」の中で提唱されている民間ロケットに関して、国家の発射場である酒泉衛星発射センターから、中国で最初の民間用探査ロケットが9月5日に打ち上げられたと伝えた。打ち上げたのは、中国民間商用ロケット企業の北京星際栄耀空間科技有限公司で、ロケットは「SQX-1Z」という固体燃料準軌道宇宙探査ロケットだ。

その裏には何があるのか？

実は習近平は「中国製造2025」を発表した2015年5月に、同時に「2015国防白書《中国の軍事戦略》」を発表している。中国語で9000文字、10ページほどの短いものなので、日本はほとんど「せせら笑って」無視しているが、そこには「軍民融合」に関する「中国の軍事戦略」がシラッと書いてある。これはまさにバラク・オバマ元大統領が署名して発効させたアメリカの「2015宇宙法」を意識してのものだった。

ワシントンにもニューヨークにも中国の諜報員に等しい在米華僑華人が、路地の隙間もなく埋め尽くしていると言っていい。巷《ちまた》の情報から米議会の裏情報まで、吸収し尽くしているのが、これら中国政府から派遣されている「ふつうの顔をした中国人」たちなのである。アメリカの動きなら、どのような些細な情報でも表面化する前にキャッチしている。

オバマの「2015宇宙法」同様、習近平の「2015国防白書《中国の軍事戦略》」もまた、「軍民融合」という言葉を借りて、民間の人工衛星が月面に着陸して「ビジネス用の基地を作る」ことを可能ならしめている白書なのである。

それが、習近平が指令を出した「軍民融合」だ。〔２０２５〕にも「軍民融合」という言葉があり、「２０１６年中国宇宙白書」にも「軍民融合」が書かれている。そして「２０１５国防白書《中国の軍事戦略》」には「軍民融合」が満ち溢れている。

注意しなければならないのは、アメリカの「２０１５宇宙法」と違って、中国はあくまでも「民間・企業による領有を可能にする」際の手段として「軍民融合」と、「軍」というカテゴリーが入っているということだ。これによって、月面基地も「軍事基地」に容易に移行できることに、われわれは注目しなければならない。

習近平が「２０１５国防白書《中国の軍事戦略》」の「軍民融合」に込めた、もう一つの狙いを記しておこう。

それは新常態で規定した「量から質への転換」によってもたらされる経済成長の鈍化を防ぐという狙いである。「質」を重んじれば研究開発に大量の資金と時間を注がなければならない。その間、ＧＤＰの量的成長は望めない。しかし「質」の向上が成し遂げられたときには、中国は強国への飛躍的な成長を遂げていることになる。今はその雌伏《しふく》のとき、まさに「雌伏して時の至るを待っている」（実力を養いながら活躍の機会をじっと待っている）のである。それをわずかＧＤＰがたとえば６・７から６・４パーセントに落ちただけで、「中国の経済成長に陰りが」とか「ほら見ろ、もうすぐ中国経済は崩壊する」などとして喜ぶ日本の中国分析者やメディアの哀しさ、危なさ。そうではないと否定すると、情報の消費者が喜ばないので、メディアは滅多なことには私のような見解は言わせない。日本人に「馴染んでいる（偽の）中国情報」を好んで、「無難な発信」を続けるので、日本人はますます真相とは違う中国を見るように習慣づけられてしまった。

これはふと、太平洋戦争時代の「皇軍は勝ち続けています！」という洗脳と何も変わっていないということを連想させてしまう。

日本人が日本人の耳目に心地よい中国に関する「幻想」に酔いしれている間に、中国は、中国政府が言うところのキャッチアップ「中国趕超」を着々と進めているのである。

それでもなお中国政府側は「中国はこういうことに関しては控え目にしか発表しないものだ」と弁明しており、〔2025〕にそれほど明確に書かないのは、「隠しておきたい要素」の中で戦略を進めているからだろう。〔2025〕に「宇宙装備」とか「宇宙開発」という言葉が何度か現れることからだけでも、その片鱗を見ることは十分にできる。

そして「控え目に表現」という割には、2009年に『中国2050年までの空間（宇宙）科学発展ロードマップ』という本が科学出版から出版されており、執筆者は中国科学院空間領域戦略研究組（チーム）だ。

また中華人民共和国・国務院新聞弁公室は2016年12月27日に、『2016中国的航天（中国の宇宙）』という白書を発布している。

白書の冒頭には次のようにある。

——中国の宇宙事業は、1956年の誕生以来、60年の輝かしい歴史を経ており、「両弾一星」のスローガンで開始され、輝かしい成果の代表として、有人宇宙飛行や月探査があり、自立更生・自主技術革新の発展路線を進み、深遠な宇宙精神を蓄積してきた。宇宙精神を継承し、技術革新の熱意を鼓舞《こぶ》するため、中国政府は２０１６年から、毎年４月24日を「中国宇宙の日」とすることを決定した。

この「4月24日」というのは何の日かというと、これこそが正に毛沢東が１９７０年４月24日に中国で最初の人工衛星「東方紅《ドンファンホン》1号」を発射した日で、毛沢東は核実験とともに人工衛星打ち上げを執念のように目指してきた。

中国をより深く分析するために、その毛沢東の執念と中国人の「心情」に関して、少しだけ考察してみよう。この執念と「心情」が現在の「量子暗号」を生み出したと言っても過言ではないのだから。

毛沢東の執念「両弾一星」が今も

「両弾一星」とは「原子爆弾、水素爆弾、人工衛星」のことを指す。「二つの弾」と「一つの星」という意味だ。その後、「両弾」を指していた「原子爆弾と水素爆弾」を「核爆弾」と呼ぶようになり、「弾道ミサイル」をもう一つの「弾」と位置づけるようになった。したがって「核爆弾、弾道ミサイル、人工衛星」を「両弾一星」と称するようになっている。

第三章の「一、１９６４年、中国核実験を成功させたのは誰か？」で書いたように、毛沢東は朝鮮戦争のあと、アメリカの中国に対する原爆投下の可能性から中国を守るには、何としても中国自身が原爆を持つことだと決意していた。それをさらに強固なものとしたのは、フランス帰りの放射能科学者・楊承宗が、キューリー研究所から持ち帰った言葉だった。マリー・キューリーの娘、イレーヌ・キューリーは「もし原子爆弾に反対するのなら、自分の原子爆弾を持ちなさい」という言葉を毛沢東に送ったのである。

くり返しになるが、これによって毛沢東の決意はさらに堅固になる。こうして

●1960年11月5日に中国最初の弾道ミサイル発射に成功。

●1964年10月16日に、中国最初の核実験（原子爆弾）に成功し、世界で第5番目の核保有国となる。

●1967年6月17日に中国最初の水素爆弾実験に成功。

●1970年4月24日に中国最初の人工衛星打ち上げに成功。

と、毛沢東は「両弾一星」を断行してしまうのである。

1970年4月24日に打ち上げた人工衛星の名前を「東方紅1号」とした。「東方紅」というのは、毛沢東を讃える歌で、もともとは毛沢東らがいた延安がある陝西《せんせい》省の北部地域の民謡「騎白馬」を編曲したものである。

中国共産党が誕生したのは1921年。

その2年後の1923年に中国共産党中央委員会（中共中央）は「宣伝部」という部局を設立し、プロパガンダ（思想宣伝）に全力を注いだ。ほどなく、その下に「文芸局」を置いて、印刷物だけでなく、歌や踊りによる宣伝にも力を入れるようになる。

それから20年後の1943年の冬に、民謡の歌詞を、毛沢東を讃える言葉に替えて、1944年に「解放日報」に掲載した。

陝西省の北地域は「陝北《せんほく》」と呼ばれ、独特の素朴な情緒がある。

その歌は、1946年4月、私が住んでいた長春に八路軍（中国共産党軍のその当時の一般的呼称）が入城してきたときに、私の家に泊まっていた八路軍のお兄さんも歌っていた。だから私は新中国（中華人民共和国）が誕生する前から、この歌を知っている。

東方紅、太陽昇（東の空が紅くなって、太陽が昇る）（ように）
中国出了個毛沢東（中国には毛沢東が出てきたよ）（東の空から昇ってきたよ）
他為人民謀幸福（彼は人民のために幸福を探している）
呼児嗨喲（フ・アル・ヘイ・ヨウ）（掛け声）
他是人民的大救星（彼は人民の大救世者だ）
呼児嗨喲（フ・アル・ヘイ・ヨウ）（掛け声）

ゆったりとした雄大な山間《やまあい》の農民の声が聞こえるような音律である。この歌は「義勇軍行進曲」という中国の国歌よりも、多くの人に歌われ親しまれて、新中国誕生後はラジオ放送が始まる前に、必ずこのメロディーが流れたものだ。

そのメロディーを宇宙に鳴り響かせ、発信し続けたというから、毛沢東の「東方紅1号」に込めた思いは、尋常ではなかっただろう。

核実験に対する執念と経緯は、第三章で描いたが、それぞれの「両弾一星」にまつわる話をしていたら、それだけで1冊の本になってしまう。だからここではミサイル発射と人工衛星打ち上げの陰には、1955年にアメリカから戻った銭学森の力が大きかったことを記すだけに留めておこう。

なんと言っても銭学森はアメリカで、あの「航空工学の父」と称せられたセオドア・フォン・カルマンの下で直接「航空工学」を学んでいるのだから、彼を超える者はいなかっただろう。当時の航空工学、それに続く宇宙工学の最先端で、彼は毛沢東の期待に応えて、中国のミサイルと人工衛星の領域を引っ張っていった。

問題はなぜ中国は彼らを惹きつけたのか、ということだ。これは過去のことではなく、第三章で紹介した、あの多くの留学人員たちが、なぜ言論弾圧があると知っている中国大陸に戻ったのかという問題につながっていく。「金のためだけ」ではないものがなければ、「人の心」を惹きつけないし、魂を揺さぶることはないだろう。私はよく講演などで同類の質問を受けるので、ここでその解答を模索してみたい。

その根源の一つは新中国が誕生したときの、この「東方紅」の歌に込められた、何とも言えない「中華民族への郷愁」のような、ある種の「紅いノスタルジー」が、心のどこかで「東方紅」のメロディーを奏でているからではないのかと思えてならないのである。

あるいは自分が中国の黎明期の革命戦争や文化大革命に巻き込まれて多大な犠牲を払ったことへの「自らへの愛おしさ」かもしれない。あの犠牲の中には家族の命や自分の魂があり、そして青春が奪われ翻弄《ほんろう》された。こんにちの中国の姿の中には、自分の犠牲が詰まっているということに対する「捨てがたい執念」なのかもしれない。憎しみと愛が入り交ざったアンビヴァレント（ambivalent）な思いが彷徨《さまよ》っているのではないだろうか。

陝北の岩だらけの乾燥した黄土高原には、長いキセルで煙草をのんびりと吹かしながら、背中を丸くして地べたに座っている痩せた老人が似合っている。夕陽を浴びながら、岩山だらけの黄土高原に長く影を落とす農民の姿。そして祭りのときには真紅の衣装をまとった若者たちの大群が太鼓を腰に巻き付けて、天地に向けて勇猛果敢な音を突き上げるように鳴り響かせる。あの大地の圧巻。それが中国だった。

宇宙に鳴り響いた「東方紅」は、真紅の衣装を付けた陝北の農民が天地に轟《とどろ》かせた太鼓の音だ。毛沢東はそのエネルギーを吸い上げて、農民革命に勝利し、１９４９年に新中国を誕生させている。

もちろん毛沢東は、自分が勝つためなら日中戦争時に日本軍と手を結ぶことさえ厭《いと》わなかったし（詳細は『毛沢東　日本軍と共謀した男』）、３０００万人の餓死者を出しても、なんとも思わない。私が生まれ育った長春では国共内戦のときに共産党軍による食糧封鎖を受けて、数十万人の庶民が餓死した。私はその餓死体の上で野宿して、恐怖のあまり記憶喪失になった経験がある（詳細は『卡子（チャーズ）――中国建国の残火』朝日新聞出版、二〇一二年）。

「毛沢東、知ってるか？」

１９４６年４月、八路軍のお兄さんが、まだ5歳だった私に聞いた。「知らない」と答えた。

「毛沢東はね、太陽のように東から昇ってきて、苦しんでいる中国の人民を助けるんだよ。中国には明るい、自由な未来が待っているんだ」

「ふーん……」

苦しんでいる人を助けるんなら、いい人なのかもしれない。子供心に、そう思ったことがある。しかしその年の5月には長春から姿を消した八路軍は、翌年の秋から長春を包囲して食糧封鎖を始めた。毛沢東はあのとき、「長春を死城たらしめよ」と命令している。

「何が毛沢東だ、何が自由だ、何が明るい未来だ……」

餓死体の上で野宿し、絶対に開けてくれない共産党軍側の鉄条網による包囲線の門を空しく睨《にら》みつけた。

あれから私の葛藤は続いている。

勝つためなら、何でもする。それが毛沢東という男だ。

だから、「両弾一星」を成し遂げるためなら、毛沢東は何でもした。

習近平の父親、習仲勛は、1930年代に延安の革命基地で毛沢東を待ち受け、毛沢東を助けた人物だ。あの延安に、陝北の大地に、そして宇宙に鳴り響いた「東方紅」の歌に込めた根性は、習仲勛を通して習近平の骨の髄まで染み込んでいるにちがいない。

習近平は今、〔2025〕を成し遂げるために、憲法を改正させて、国家主席の任期を撤廃させてしまった。

だから習近平は、きっとやるだろう。

毛沢東のようにやり遂げるのではないだろうか。

中国人のこの心情を酌んで、江沢民・胡錦濤・習近平と三代の紅い皇帝に仕えた中国政局のブレイン王滬寧《おうこねい》は「中華民族の偉大なる復興」という政権スローガンを思いついて習近平にプレゼントした。逆にこの言葉を使わなければならないほど、切羽詰っていたということになる。

五、「一帯一路」で宇宙を支配

習近平が国際社会に対して向けている言葉は「人類運命共同体」だ。この言葉が２０１７年2月10日の国連社会発展委員会で決議書の中に書き込まれたと、同年2月11日の新華社が伝えた。ことほど左様に、習近平はトランプが国際社会における一国主義を主張して人類運命共同体的発想に立っていないとして、最近は特に地球レベルの「協調」を発信するようになっている。

中国が一帯一路沿線国にバーチャル地上ステーションを開設

２０１８年9月18日、中国科学院のホームページが、青海省の西寧市で「第4回干ばつ・半干ばつ環境対地観測国際シンポジウム」が、17日に開催されたことを発表した。

干ばつ問題だから、まあ、中国科学院が発表してもおかしくはないのかなとは思ったが、なにやら、しっくりこないものを感じたので詳細に読んでみた。

すると、思いもかけない情報が載っていた。

主宰したのが「中国社会科学院空天信息（宇宙情報）研究院」で、共催は「宇宙情報研究院カザフスタン研究センター」だ。「宇宙（天）」とあると、デリケートに反応するようになってしまったが、なんとこれは「一帯一路沿線国」と宇宙における人工衛星に相当した役割を果たす「バーチャル地上ステーション」がテーマだった。必ずこの方向に動くだろうと、アンテナを張っていた現象が、現実になり始めたのだ。

中国科学院の宇宙情報研究院の劉建波副院長は、第3回の大会を顧みながら、「情報研究院はシルクロードにおける対地観測技術建設の中で大きな役割を果たしていきたい」としつつ、以下のように述べている。

——「一帯一路」沿線の一部の発展途上国では、リモート・センシング技術がまだ初期段階にしかなく、衛星地上ステーションの建設には大量の資金が必要となる。これらの国は技術や経費などの問題により、自前の衛星地上ステーションを持っていない。バーチャル地上ステーションはアジアの陸地7割をカバーする中国のリモート・センシング衛星地上ステーションの強みと、中国科学院宇宙情報研究院が建設した先進的なデータ伝送ネットワークおよびビッグデータのリアルタイム処理技術を利用することで、これらの国に衛星データをリアルタイムで送ることができ、発展途上国のテクノロジー発展、地域の環境保護を促す。

9月19日付の「人民網」も伝えているが、どうやら、モンゴル、ケニア、スリランカ、カンボジア、キルギスタン、カザフスタン、ネパール、タイ、ベネズエラ、ベルギーなどの国に協力し、中国科学院宇宙情報研究院が自主開発したバーチャル地上ステーションを開設しているらしい。10カ国は実際に衛星受信アンテナを設置しなくても、中国と海外の多くの衛星による速報データをリアルタイムで入手し、現地の需要を満たすことができるわけだ。

出席していたキルギスタン科学院の院士のズマリーフ氏は、挨拶の中で習近平が唱える「一帯一路」の発展の可能性がいかに広大であるかということと共に「人類運命共同体」という習近平が提唱した概念が、いかに遺憾なく発揮されていることかと、感動にむせびながら絶賛してみせた。

2016年中国宇宙白書が示す「一帯一路」戦略

2016年12月27日、中華人民共和国国務院新聞弁公室（国新弁）は、「2016中国宇宙白書」なるものを発表した。中国語で正確に書けば、「《2016中国的航天》白皮書」である。これを簡体字で書き、全文をネット公開した。冒頭の文章は前節で引用した。ここでは「一帯一路」に関して、どのような「宇宙計画」があるのかに焦点を当てて考察したい。

今さら説明するまでもないと思うが、「一帯一路」というのは、中国の巨大経済構想である「陸と海の新シルクロード構想」で、「一帯一路」という名称は習近平政権になってから付けたものの、「新シルクロード経済ベルト」というのは胡錦濤政権時代から始まっていた。

そもそも一帯一路の最初の成果であるドイツと北京を結ぶ直通列車が完成したのは２０１１年1月で、習近平政権が誕生する2年も前のことだ。着工は２００９年だったから、胡錦濤政権二期目が始まったころである。

重慶（渝）と欧州を直結するという意味で、「渝新欧」路線と呼ばれる。「渝新欧」は、重慶市を出発して、西安、蘭州、ウルムチ（新疆ウィグル自治区）を経て北疆鉄道を西に越え、同じくウィグルの阿拉（アラ）山口（サンコウ）を経てカザフスタンに入り、ロシア、ポーランドを通り、ドイツのデュースブルグに到達する。全長1万１１７９キロという、世界最長路線の一つだ。

この路線を使えば、東南アジアを回って海に出る必要もなく、それまで38日間かかった旅程も、16日に短縮される。途中でいくつもの国境を越えるので、その度に運行規則が変わり、運転手を換えるので16日間かかってしまうのだという。全長７５０メートルの貨物列車が、２０１１年当時、週3回ほど往復していた。今では世界最長の記録を塗り替えながら、運行規則も改善されて、さらに西へ西へと直結範囲を広げている。

２００８年に始まった「千人計画」にしても、２０１２年に始まった「万人計画」にしても、実は胡錦濤は多くの実りあることを始めているのだが、胡錦濤は謙虚で威張ることが嫌いだった。特に江沢民には、どんなことがあっても胡錦濤に手柄を立てさせたくないという強烈な気持ちがあったので、胡錦濤は実行はしているのだが目立たなかったという側面は否めない。

ともかく今では中国大陸の東海岸からロシアや中央アジアあるいは東南アジアを通って、中東やアフリカの陸地を含みながらヨーロッパ全域をカバーし、イギリスにまで達している。それが陸の新シルクロード経済ベルトである「一帯」だ。

同じく中国大陸の東海岸から南に下りて南シナ海を通り、東南アジア諸国の港、オーストラリアの港を含めながら、中東へと抜け、アフリカ大陸の港も連結してヨーロッパへと抜ける海路を「一路」と称する。突起的に南米のチリやアルゼンチンも例外として入っているので、一帯一路が「さらっていく」人口は、世界総人口、つまり全人類の63％を占めている。

習近平は、その頂点で世界制覇を狙っている。

この中の、開発が遅れて十分な国家予算を持っていない国の「人工衛星」機能を中国が担いましょう、というのが習近平政権の戦略なのである。それによって宇宙を支配する。そのことが如実に表れているのが「2016中国宇宙白書」(以下、白書)だ。白書は、

まえがき／一、発展目的、ビジョンと原則／二、2011年以来の主要な進展／三、今後5年間の主要な任務／四、発展政策と措置／五、国際交流と協力／おわりに

という構成から成り立っている。

●まず「三、今後5年間の主要な任務」の「(二) 宇宙基礎インフラ」の「3．衛星ナビゲーションシステム」には、以下のような文言がある。

——北斗2型衛星群のサービス性能を引き続きレベルアップする。北斗の全地球システム

を継続的に発展させ、２０１８年に「一帯一路」沿線国およびその周辺国に対して、基本的なサービスを提供することを計画している。２０２０年前後には、35機の衛星発射ネットワークで、世界中のユーザーにサービスを提供する。北斗衛星基地をベースにして統一的な計画を立て、衛星基地システムを強化して、さまざまなユーザーに対して、それに合った高度のサービスを提供するために、信頼を高めていく。

ここで、「北斗《ほくと》（Bei-dou、ベイドウ）」とは何かを、ご説明しなければならない。「北斗」というのは、中国語では「北斗衛星導航系統」と書き、日本語としてスムーズにするならば「北斗衛星測位システム」と訳すことができ、英語を交えて書くならば「北斗ナビゲーション・サテライト・システム」。この方がピンとくるかもしれない。

要は、「中国はアメリカのＧＰＳに依存したくない」ので、中国独自のＧＰＳ機能に相当する衛星測位システム（ＧＮＳＳ＝Global Navigation Satellite System）を開発したわけだ。こうして説明すると、その説明の中に、また本当にはあまりはっきりしない専門用語が出てくるので、思考の連続性を保つために、念のために「衛星測位システム」とは何かを、できるだけ正確に説明しよう（ご存じの方にはうっとうしく思われるかもしれないが、一つずつ正確に理解していくことは悪いことではないので、お許し願いたい）。

「衛星測位システム」というのは、「人工衛星から発射される信号を用いて位置測定や航法あるいは時刻配信を行うシステム」を指す。いずれも地上に設置された基準点に基づいて、地球上の位置を測定している。われわれが使っているＧＰＳ機能のことだ。

「北斗衛星測位システム」は2000年に北斗1号が打ち上げられて、2003年までの間だけ地域を限定して検証を行い、その間、3基の衛星を打ち上げた。2007年までにはもう1基増えて4基により構成されたが、これはあくまでも限定された地域でしか機能しない。

その後、第二世代の北斗シリーズとして北斗2号（またはコンパス）が打ち上げられたが、これは北斗1号の発展拡張型ではなく、陸海空などの全方位を含むナビゲーションシステムを目的としたもので、アメリカのGPSやヨーロッパのガリレオ同様、全世界をカバーする予定のものだ。少なくとも2012年にはアジア太平洋一帯をカバーするところまではいった。

北斗3号衛星は本格的なグローバルネットワークの構築を目指したもので、2017年11月5日に四川省の西昌衛星発射センターから長征3号ロケットを用いて打ち上げられた。測位精度がそれまでの北斗2号シリーズより2〜3倍に向上し、最大精度を2・5メートルに引き上げることができる。アメリカのGPSやヨーロッパのガリレオに匹敵する精度を持つと言われていると、11月7日付の人民網が伝えた。

北斗3号の建設は、中国の北斗システム「3ステップ」発展戦力の第3ステップ目となる。北斗3号は水素原子時計を搭載しており、その精度は北斗2号のルビジウム原子時計より一桁優れている。0・2メートル毎秒の速度測定サービスを提供する。北斗3号は北斗2号のショートメール機能を留め、関連機能を強化する。計画によると、2018年までに北斗3号グローバルネットワーク衛星18基を打ち上げ、「一帯一路」関連国30数カ国・地域を含む、70数カ国・地域をカバーすると、11月7日付の人民網は報道している。シェア自転車への応用に関しては、北斗高精度測位が誤差を1メートルまで縮めるそうだ。

２０１８年11月1日、「北斗3号システム初の静止衛星、中国が打ち上げに成功」と中国の中央テレビ局ＣＣＴＶや人民網が伝えた。中国衛星測位システム管理弁公室が発表した情報によると、中国は西昌衛星発射センターから「長征3号乙」ロケットを使い、北京時間11月1日午後11時57分に41基目となる北斗衛星を打ち上げたとのこと。北斗2号から数えて41基目となるという意味だ。「同衛星は静止衛星で、中国の北斗3号シリーズで17基目となるグローバルネットワーク構築衛星であり、北斗3号シリーズで初の静止衛星でもある。同衛星は基本的な地域航法衛星サービスを提供するほか、ショートメールサービスと衛星航法補強サービスを提供する」とのこと。

長征シリーズの打ち上げはこの回で２９０回目となる。

11月5日には、「一帯一路」沿線国へのサービス提供のため、国際衛星航法システムに関する国際委員会を、その昔のシルクロードのスタート地点だった古都西安で開幕した。

11月19日には衛星2基を打ち上げ、北斗のカバー範囲をさらに拡大させた。これにより「一帯一路」沿線国をほぼ覆うので12月末までには運用を開始するとのこと。こうして２０２０年前後に地球規模での実用化を目指すとした宇宙白書の目的を着々と進めている。

なお、北斗という名称は、北斗七星に由来し、中国の天文学者が「北斗」と命名したことから、中国ではこれも「中華民族の偉大なる復興」の一つと位置付けている。

世界中、どこにいてもアメリカのＧＰＳを使わなくても、中国独自のＧＮＳＳを用いれば、地球上の測位ができることになり、宇宙を誰が支配するかの競争となる。すべてが日米主導の国際宇宙ステーションの寿命が尽きる少し前の時期に、照準を当てている。

●つぎに白書の「五、国際交流と協力」の「(一) 基本政策」には、

——「一帯一路」建設の共通目標とサービスに基づく二国間および多国間協力を強化する。

とある。「宇宙開発」仲介点として「二国間および多国間協力を強化していく」ことを忘れてはならない。宇宙で国際交流を行っており、宇宙は中国の「外交戦略」を実行する場なのである。

●白書の「五、国際交流と協力」の「(二) 2011年以来の主要活動」の「(2) 多国間交流」には以下のようにある。

——中国は「アジア太平洋宇宙協力機構」の枠組みの下で、「アジア太平洋宇宙協力機構共同マルチ・ミッション (多任務) 小型衛星星座プロジェクト」の推進に積極的に参加し、「一帯一路がアジア太平洋地区の宇宙空間における能力を形成する」ことをテーマとする「アジア太平洋宇宙協力機構の発展的戦略ハイレベル・フォーラム」を成功させ、「北京宣言」を発表した。

ここでまた少々説明を必要とする。「衛星星座って、なあに?」という質問が出てきそうで、まずこの意味をご説明しよう。

「衛星星座」とは英語では、Satellite constellation と書き、「特定の方式に基づく多数個の人工衛星の一群あるいはシステム」を指す。個々の衛星はシステム設計された軌道上を周りなが

ら、互いがぶつかることもなく、協調しながら周るので、それを一つの「星座」とみなすこともできて、中国語では「星座」と表現されている。クルクル動きながら、塊を見せる星座のようなイメージである。

これはいくつかの小型衛星によって構成されているので、「小型衛星星座」という、呪文のような単語になっている。

２０１５年10月27日に、「アジア太平洋宇宙協力機構」と「中国国家航天（宇宙）局」の共催により北京でこのハイレベル・フォーラムが開催され、そこで「北京宣言」という新しいビジョンが採択されたと、新華網が伝えた。

中国のすごいところは、実用化して周辺国家に実利を与え、惹きつけていくところである。ノーベル賞よりも、実際の生活にどのように実用化して国民や関係国にメリットをもたらし、「中国という国家の力」を示して影響力をもたらすかという計算の方を重要視している。実利的な国なのである。

このフォーラムには中国のほかに、タイ、パキスタン、バングラデシュ、イラン、蒙古、ペルー、インドネシアなどのアジア太平洋宇宙協力機構やオブザーバー国の航天局局長らや専門家、関係国大使などが参加した。各国によって「航天（宇宙）」関係部局の呼び名が違うと思うが、一応、新華網の発表に基づいた。

同機構理事会主席は中国国家宇宙局局長で、機構設立の発起人の一人だ。許達哲局長は「中国はすでに一帯一路沿線国10カ国と宇宙空間応用協力に署名しており、中国のリモート・センシング衛星データと生産品を東南アジア領域で応用し、サービスを提供しております」と、フォーラムで述べている。

さらに許達哲は、「そもそも、このアジア太平洋宇宙協力機構のメンバー国とオブザーバー国は、主として一帯一路沿線国によって構成されており、この機構は一帯一路協力国のために設立されているようなものです。したがってこれは〝一帯一路の宇宙情報回廊〟と位置付けることができるのです」とまで言い切っている。

中国は正に一帯一路を基本に据えながら、宇宙空間を支配しようとしているのだ。

●最後に、白書の「五、国際交流と協力」の「(三) 未来5年間の重点協力領域」というのがある。そこには「未来5年間で中国がより積極的で開放的な姿勢で、以下の重点領域に関して、より広範な国際宇宙空間交流と協力を行う」とあり、その一例として、

――「一帯一路宇宙情報回廊」の構築を目指す。これらは「地球観測・通信放送・衛星ナビゲーションなどの研究開発、地上システムと応用システムおよび応用製品の開発」などを含む。

という領域に重点を置くと書いてある。

「中国製造2025」に「控え目に」潜めた「宇宙開発」には、このような恐るべき戦略が密かに込められていたことを、見逃してはならない。

「白書」を熟読することによって、ようやく、習近平の「宇宙支配」戦略を、浮かび上がらせることができたように思う。

第五章

習近平、世界制覇へのロードマップ

一、「BRICS＋」27カ国で全人類の半分を掌握

BRICS（ブリックス）とは何か？

ＢＲＩＣＳ（ブリックス）とはブラジル（Brazil）、ロシア（Russia）、インド（India）、中国（China）、南アフリカ共和国（South Africa）の「新興5カ国」の頭文字を取った言葉で、もともとは、「BRICs」だった。「BRIC」（ブリック）に複数形のような形で小文字の「ｓ」を付けて、英語の「bricks（ブリックス）（レンガ、煉瓦）」のように言いやすい言葉にしたのが最初だった。「ＢＲＩＣ（ブリック）」でも良かっただろうが、「４つの国」と複数なので、面白がって「BRICs」としたのだろう。

２００１年にアメリカの投資銀行であるゴールドマン・サックスの経済学者、ジム・オニールが「BRIC」４カ国を振興国として挙げ、それに「ｓ」を付けて複数形にし、「BRICs」として本を著したことにより、「ブリックス」という言葉が流行るようになった。

２００９年６月16日に、ロシアのエカテリンブルグで最初のBRICs４カ国首脳会議が開催されたが、なんとなくロシアが音頭を取った形になり、中国としては面白くない。そのため２０１１年４月13日に中国海南省の最南端にある三亜市で「BRICs」首脳会議を開催したのだが、なんと中国は敢えて新しく「South Africa（南アフリカ共和国）」の「Ｓ」をつけて、新し

く「BRICS」とし、そのあと中国が主導権を握るようになった。

まだ胡錦濤政権のことなので、胡錦濤は習近平にさまざまな置き土産を残してあげたことになる。中国語では「s」を大文字にした、この「BRICS」を煉瓦の意味を込めて「金磚」(jin-zhuan)と書く。ここでは２０１１年以後の「ＢＲＩＣＳ」に関して論じる。

２０１８年４月のＩＭＦ統計によればＢＲＩＣＳ５カ国の人口は「万単位」で、

中国：13億９００８万人（世界1位）／インド：13億１６９０万人（世界2位）／ブラジル：２億７６８万人（世界5位）／ロシア：1億４３９９万人（世界9位）／南アフリカ：５６５２万人（世界24位）

なので、合計「31億１５１７万人」となる。２０１７年６月21日に国連が発表した「世界人口予測２０１７年改定版」によると、世界の総人口は現在76億人ということである。となると、ＢＲＩＣＳ５カ国だけで、全世界の40・99％を占めていることになる。

ＢＲＩＣＳの名付け親であるジム・オニールは、２００３年時点で、２０５０年には中国のＧＤＰが44兆４５３０億ドルとなってアメリカの35兆１６５０億ドルを超えるだろうと予測し、その時点でアメリカの一極支配が崩れるとしている。しかし２００７年になると、この予測は控えめ過ぎたとして、２０５０年のＧＤＰは中国がアメリカの2倍以上の80兆ドル近くになると予測値を修正している。

一方、他の多くのシンクタンクは、中国がアメリカのＧＤＰを抜くのは、「２０２５〜２０３０年」であろうと予測しており、中国としては、まるでＢＲＩＣＳ諸国のリーダーであるかのごとき振る舞いをしており、ＢＲＩＣＳに「５カ国」を加えたかと思ったら、２０１８年には「22カ国」に増やして、ＢＲＩＣＳの頂点に立ち、西側先進諸国が主導するＧ７を無きものにしようと突き進んでいる。

「ＢＲＩＣＳ＋５」にした習近平の思惑

２０１７年９月３日から５日にかけて、中国福建省の最南端にある厦門（アモイ）市の国際会議センターで開催されたＢＲＩＣＳ新興５カ国首脳会議で、習近平は「５カ国」以外に「エジプト、メキシコ、タジキスタン、ギニア、タイ」の５カ国の首脳を招聘し、これを「ＢＲＩＣＳ＋（プラス）」と称して、計10カ国を牽引していこうとした。

その目的は何かを、多くの中国政府系メディアが、習近平の演説を通して分析している。

習近平は３日の開会式で、以下のように述べたそうだ。

――全世界に影響をもたらす協力プラットホームとして、ＢＲＩＣＳ協力は５カ国の範疇を超えて、新興市場国家と発展途上国および国際社会全体の期待を担っています。

「１本の弓は折れやすいが、10本に束ねれば折れにくい」という言葉があるように、私たちはそれぞれの優勢と影響力を十分に発揮して「南南協力」と「南北対話」を促進して、ともに手を携えながらさまざまなリスクに挑戦していかなければなりません。私たちはＢＲＩＣＳ協力を拡大させ、「ＢＲＩＣＳ＋」の協力モデルを推し進めていこうではありませんか。オープンで多元的で、多国間の協力の下で互いに発展していきましょう。何よりも「天下に思いを寄せ、自国の成功のためにも他国の成功を後押しする国」でありたいと思ってます。どうか皆さんが「ウィン-ウィン」の事業の中に入ってきてくださることを歓迎します。

これに基づき、中国政府側メディアは、以下のように分析した。

２０１３年は、南アフリカ共和国が一部分の南アフリカ諸国を客として招いた。

２０１４年は、ブラジルが南米10カ国の首脳を招いた。

２０１５年にはロシアが上海協力機構と欧亜（ヨーロッパ・アジア）経済連盟のメンバーやリーダーを招いた。

２０１６年にはインドが環ベンガル湾多分野経済技術協力提唱国のメンバーやリーダーたちと会談をした。

今年、２０１７年、中国はこれらの流れを一歩レベルアップして、今後は「ＢＲＩＣＳ＋」として、より多くの発展途上国を仲間に入れていくという新概念を提唱したのは画期的なことであり、今後はこの「＋」の国々を増やしていけばいいわけで、それにより「ＢＲＩＣＳ＋」は、今後、世界で大きな役割を果たすことになるだろう。

こういった中国政府側の分析から、習近平は一帯一路の頂点に立つだけでなく、「ＢＲＩＣＳ＋」の参加国を年々拡大していって、中国が「ＢＲＩＣＳ＋」の頂点にさえ立とうとしている思惑が透けて見える。

このとき、インドだけは反対の意を表しているが、それは「このままでは、中国の覇権を許すだけになってしまう」という懸念からだろうと推測される。しかし、そのインドの意見は、多数の中に埋もれていってしまった感を拭えない。

「BRICS+22」で見せた習近平の狙い

２０１８年7月19日から29日にかけて、習近平国家主席は２期目の国家主席になってから初めての外遊を行った。アラブ首長国連邦、セネガル、ルワンダ、南アフリカを訪問し、南アフリカ共和国のヨハネスブルグでＢＲＩＣＳ首脳会議に参加したあと、モーリシャスを訪問して、29日に北京に戻った。

ヨハネスブルグで開催されたのだから、南アフリカ共和国が主催国で、本来ならシリル・ラマポーザ大統領か主人公のはずだが、まるで習近平が主人公であるかのごとく、習近平が基調演説を行い、「＋」として22カ国を招待することも習近平が前年に提唱した「ＢＲＩＣＳ＋」の枠組みとして決定し、習近平は各国首脳に「人類運命共同体を築こう」と呼びかけた。22カ国には「アンゴラ、アルゼンチン、トルコ、ボツワナ、コンゴ、エジプト、ガボン、レソト、マダガスカル、マラウイ、モザンビーク、ナミビア、ルワンダ、セネガル、セーシェル、タンザニア、トーゴ、ウガンダ、ザンビア、ジンバブエ、ジャマイカ」などがあるが、主たる人口と地域を表６に示す。

表６から、増加した総人口数は5億人強で、数的にそう増えているわけではないことがわかる。しかし発展途上国が多いということは、経済成長のポテンシャル、潜在力が高いことを意

表6 主たる国の人口と地域

人口世界ランキング	国名	単位:万人	地域
13位	エジプト	9480万人	アフリカ
16位	コンゴ	8665万人	アフリカ
19位	トルコ	8081万人	中東
27位	タンザニア	5005万人	アフリカ
31位	アルゼンチン	4408万人	中南米
37位	ウガンダ	3767万人	アフリカ
50位	アンゴラ	2818万人	アフリカ
51位	マダガスカル	2561万人	アフリカ
58位	マラウイ	1917万人	アフリカ
64位	ザンビア	1724万人	アフリカ
69位	セネガル	1586万人	アフリカ
74位	ルワンダ	1184万人	アフリカ
96位	トーゴ	780万人	アフリカ
134位	ジャマイカ	284万人	中南米
137位	ナミビア	234万人	アフリカ
138位	ボツワナ	218万人	アフリカ
143位	レソト	194万人	アフリカ
144位	ガボン	191万人	アフリカ
182位	セーシェル	9万人	アフリカ
合計		5億3106万人	

出典：IMF-World Economic Outlook Databases（2018年4月版）

味し、結果、共同体の国際社会における発言力が大きくなる。

また国連で何かのテーマに関して議決するときには、経済力や軍事力ではなく、「一国一票」の原則に基づいて、「国の数」なので、どんなに小さな国でも中国に有利な方向に投票してくれれば、国連を支配するのは中国だ、ということになる。

一方、表6から明確に見えてくるのは、「アフリカ」地域が多いことだ。これは次節で述べるアフリカ大陸全体を中国の手に掌握したい習近平の狙いを象徴している。

中東のトルコに声を掛けたのも、明らかにアメリカを意識してのことだろう。

中国の中央テレビ局CCTVは、連日連夜、世の中にはもうこの情報以上に重要なニュースはないと言わんばかりに、習近平の一挙手一投足を、声を張り上げて放送しまくった。

このヨハネスブルグ「BRICS＋22」に関して、習近平はどのように位置づけたのか。

習近平がヨハネスブルグで行ったスピーチを中心として、中東・アフリカの旅に関して、7月29日の中国共産党機関紙「人民日報」が伝え、それを共青団の「中国青年網」など多くのウエブサイトが転載している。それらを総合すると、習近平のマクロな狙いと野心は、概ね以下のようにまとめることができる（人口数やパーセンテージに関しては、中国の報道に基づく）。

1．BRICSは主要5カ国だけでも31億人の人口を擁し、人類の運命を牽引していく。人口比率では主要5カ国だけで42・7％となっており、世界の中で圧倒的な比重を占めている。

2．「BRICS＋」が「朋友圏《ほうゆうけん》」を拡大していけば、地球の人口のほとんどをカバーし、それはやがて（習近平が唱えた）「人類運命共同体」を形成していくだろう。

3．「BRICS＋」においては多国間貿易を堅持し、投資と貿易において自由化と利便性を発揮し、開放型世界経済を牽引する。中国は（アメリカの）一国主義とは大きな違いがある。

4．「BRICS＋」朋友圏においては、「旅行（のビザ）、買い物、文化交流」などに関しても、電子通信を通して利便性を高め、自由貿易圏を形成していく。

5．われわれ（中国）は断固、保護貿易や一国主義に反対し、互いに手を携えて「投資と貿易の自由化」に貢献し、共同体内での低関税や無関税を増やしていく（これは米中貿易戦争を仕掛けるトランプ大統領への声明として発せられている）。

南ア（ヨハネスブルグ）以外に訪問した国々に関しては、「一帯一路」沿線国の港湾強化を狙う目的があった。特にセネガルに代表されるように、アフリカ西海岸まで「一帯一路」をつなぎ、アフリカ大陸ごと、中国が「いただこう」という魂胆だ。

なお、BRICS5カ国の中のブラジルとは、宇宙実験室に関して連携を持っている。なぜならブラジルは国際宇宙ステーションと接触を持っており、中国としては面白くない。なんとかして国際宇宙ステーションから切り離そうという思いがある。

そのため、2014年8月にブラジル・サンパウロ州のサン・ジョゼ・ドス・カンポスにあるブラジル国立宇宙研究所の建物内に「中国・ブラジル宇宙天気共同実験室」を設置した。同実験室は中国科学院南米宇宙天気実験室でもあり、国際宇宙天気子午環プログラムの重要な構成部分でもある。2017年6月から正式に稼働している。これらは、2018年9月、新華網が伝えた。

二、習近平、アフリカ53カ国をわが手に

2018年9月3日と4日、アフリカ53カ国が出席して北京で中国アフリカ協力フォーラムが開催された。まるで「新国連」を形成したような勢いである。結束力を高めたのはトランプの一言だ。日本がどんなにアフリカに対する、日本にしては巨額の拠出額で対抗しても、中国とアフリカのこの結束には絶対に勝てない。なぜなら結束を後押ししたのはトランプの一言であり、日本の総理は「100%、ドナルド（トランプ）と共にいる」と宣言しているからだ。

まるで「新国連」を立ち上げたような勢い

2018年9月3日に北京で開幕した中国アフリカ協力フォーラムは、まるで習近平国家主席が宗主となって、中国が頂点に立つ異形の「新国連」を設立したような勢いだった。中国と国交を結んでいない唯一の国、エスワティニ（旧称：スワジランド）を除いたアフリカ53カ国の首脳らが人民大会堂を埋め尽くしたその姿は、「圧巻」という印象を参加者に与えたにちが

いない。アフリカ諸国首脳を中心とした関係者３０００人の誇らしげな表情が、それを物語っている。

すっかり中国に取り込まれている国連のグテーレス事務総長が、習近平を絶賛する形でアフリカ53カ国に呼びかける演出も、「異形の新国連」を彷彿《ほうふつ》とさせた。

グテーレスと中国との「特別の関係」の歴史は長い。

ポルトガル領だったマカオが正式に中国に返還され中国の特別行政区となったのは１９９９年12月20日のことである。その前の年の１９９８年、グテーレスはポルトガルの総理として中国を訪問し、当時の江沢民国家主席と会っている。１９９９年には社会主義インターナショナルの議長に就任。２００１年12月にポルトガルにおける選挙で敗北し総理を辞職すると、今度は２００４年、ポルトガルの社会党主席の身分で訪中。当時の胡錦濤国家主席と会見した。

２００５年６月に国連難民高等弁務官に選任されると、その翌年の２００６年に訪中し、再び胡錦濤国家主席と会っている。

２０１６年10月６日のグテーレスの国連事務総長就任決定に合わせて、同年10月11日、中国はマカオで「中国–ポルトガル語圏諸国経済貿易協力フォーラム」を開催し、李克強が出席した。まるで、その返礼のように、同年11月28日、今度はグテーレスが訪中し、習近平国家主席と会見し、人民大会堂で次期国連事務総長就任を祝いあった。中国はグテーレスが国連事務総長に選任されるべく、水面下で努力し続けてきた。したがって、「祝いあった」のである。グテーレスは明確に「私が国連事務総長に選任されるに当たり、中国が貴重な支援（宝貴支持）をしてくれたことを感謝する」と口に出してしまっているほどだ。グテーレスは同日午後、同じく人民大会堂で李克強首相とも会見し、へつらわんばかりの笑顔を見せている。

グテーレスは２０１７年1月1日に正式に国連事務総長に就任したが、２０１８年5月14日から15日にかけて北京で開催された「一帯一路国際協力サミット・フォーラム」に出席し、習近平や李克強らと人民大会堂で会見している。

9月25日、グテーレス事務総長は、中国の国連代表の交代に当たり、「中国が国連や国際社会において非常に重要な貢献をしている」と中国を礼賛したと、新華社が報じた。このときグテーレス事務総長は「国連は今後も中国との協力関係をさらに強化し、世界平和と発展を維持していこう」と述べている。

これら一連の経緯から明らかなように、「客観的立場でなければならないはずの」国連事務総長ともあろうものが、実は中国に完全に取り込まれているのである。

習近平が、そのグテーレスを中国アフリカ協力フォーラムに招聘して挨拶をさせたのは、国連事務総長が「中国とアフリカ大陸が一体となって結束していくこと」にお墨付きを与えたという印象を与えるためのパフォーマンスを演じさせたからだ。習近平の狙い通り、アフリカ代表たちは自尊心をくすぐられて、自信に満ち溢れていた。

特に体型的に堂々たる巨漢ぞろいのアフリカ諸国の首脳たちが座る座席は、中国で毎年開催される全人代（全国人民代表大会）のときの着座間隔と違い、３人に一人くらいの幅を持たせている。前後にも何割増しかの奥行きがある。ふんぞり返るのに十分だ。さながら王座に座っているような感を与える。

「いま新しい世界が開けた」と習近平は挨拶で述べたが、それは絵空事ではないという危機感を覚えた。習近平はアメリカの「一国主義」に対抗して「多国間の自由な貿易」を呼びかけている。アフリカ53カ国が中国側に付けば、国際社会における発言権も違い、世界制覇も夢ではない。トランプがどれほど中国をターゲットして貿易戦争を仕掛けてきても、怖いものはないと習近平は思っているにちがいない。

アフリカへの拠出金も今年は６００億米ドル（約６兆６０００億円）。この数値を習近平が口にした時には、すべての列席者の目が輝き、どよめきが起きた。

拍手が最も大きかったのは、習近平が「中国アフリカの団結を誰も破壊できない！　中国アフリカは運命共同体だ！」と叫んだときだった。

トランプの一言「くそったれ国家！」がアフリカ諸国の背中を押した

トランプ大統領は２０１８年1月11日、ホワイトハウスで移民制度について議員らと協議した際「くそったれ国家（shithole countries）から、なぜ多くの人がここに来るのか」などと侮辱する言葉を使い、アフリカ諸国やカリブ海の島国ハイチから来る移民の多さに不満を示した。アメリカのメディアが出席者の話として伝えた。

この「shithole」という単語は、辞書を引いていただけばすぐ分かるように、文字化しにくいほど下品で下劣な、相手を最高に侮辱する言葉だ。

少し上品に言えば「劣悪な場所」であるが、各国はこの翻訳に苦労している。日本のNHKは最も品位を落とさないですむ「不潔な国々」と訳し、時事通信は「便所のような国」と表現している。韓国は「物乞いの巣窟《そうくつ》」と訳しているが、これはかなりの意訳であり、トランプへの忖度《そんたく》が日本より強いことを窺わせる。

中国では、どれだけ各国のメディアがこの「汚い言葉」“shithole”の翻訳に困っているかを、「トランプの髒話（汚い言葉）」という特集を組んで調べ上げ報道しているくらいだ。中国は「アメリカメディアでさえ、この言葉を使わなかった新聞やテレビがあり、たとえば『ニューヨークタイムズ』は、できるだけタイトルにこの単語が出てこないように努力しているし、『FOX News』では“s--hole countries”と書いて回避し、『ABCニュース』ではキャスターが“私はここで、大統領が言ったその言葉を重複したくありません”と言ったほどだ」と、実に微にいり細にわたって分析している。

そして中国自身は、「爛国家」という言葉に留めた。「爛」というのは「腐っている」という意味ではあるが、しかし「腐乱した結果、どろどろになる」ということから「どろどろの」のニュアンスが込められていて、これをただ「腐った国家」と訳すと、中国語が暗示しているのが「何であるか」を読み取ることができない。

それほど、全世界を仰天させるような言葉を、トランプはアフリカ諸国に対して使ったのだということができる。

トランプは翌日、「これは私が使った言葉ではない」とツイッターで否定したが、しかし一方では、「アフリカなどではなく、ノルウェーのような国から、もっと人を招くべきだ」と指摘したとされ、明らかに「白人は歓迎するが、黒人は歓迎しない」と明言したことにつながる。逆効果だった。

トランプのこの「くそったれ国家」発言に対して、全アフリカ諸国54カ国の国連大使が緊急会合を開催して、翌日の1月12日、「常軌を逸した人種差別的な発言だ！」と非難し、謝罪を求める共同声明を発表した。また、アフリカ連合（ＡＵ）の報道官は、「くそったれ国家」発言について、「多くのアフリカ人が奴隷としてアメリカに連れていかれたという歴史的事実に照らせば、到底受け入れられるものではない」として、在米のアフリカ系住民にも抗議活動を呼びかけた。

全米各地でも抗議デモが起きたが、アメリカとアフリカ以外の国で、これを「チャンス」とばかりに大きく取り上げたのが、ほかならぬ習近平なのである。

だからこそ習近平は９月３日の中国アフリカ協力フォーラムの開会挨拶で、「アフリカ諸国の皆さまは、中国の永遠の友人です。私は皆さまを心から尊敬しています。私は皆さまとの友情を大切にしたい。この熱い団結を誰も破壊することはできないのです！」と呼びかけたときには拍手が鳴りやまず、３０００人を超える着席者が立ち上がり、いつまでも鳴り響くスタンディング・オベーションが広い会場を揺り動かしたのだった。

こうして、習近平はアフリカを自らの傘下に収めることに成功したのである。

習近平を始めとした新チャイナ・セブン（中共中央政治局常務委員会委員７人）のすべてと王《おう》

かがわれる。

岐山《ぎさん》国家副主席が出席したことからも、習近平が如何にこのフォーラムを重視していたかがうかがわれる。

「新植民地主義ではない」と自ら否定した習近平

習近平は開会挨拶の中で、自ら「世間では中国の善意を新植民地主義と非難する声があるのを知っている。しかし中国には決してそのような意図はなく、返済能力に見合った貸付けしかしないし、そもそも拠出金600億ドルのうちの150億ドル（約1兆7000億円）は無償援助と無利子借款である」として、中国による援助で途上国が債務返済に苦しむということはないと主張した。

南アフリカ共和国のラマポーザ大統領も「中国を中傷しようとしている者たちが唱えるような新植民地主義がアフリカに広がりつつあるという見方には賛成できない」と挨拶で述べ、国連のグテーレスも「中国がいかに開放的で、開発途上国のために貢献しているか」と絶賛はしたが、果たしてそうだろうか。

新植民地政策であることは、随所で垣間見《かいまみ》られるが……。

ジブチにアフリカ最大の国際自由貿易区

東南アジアでは枚挙にいとまがないほどだが、今はアフリカの話をしているので、その周辺に話を限ると、たとえば、中国は東アフリカのジブチにアフリカ最大の自由貿易区を作っている。世界屈指の活発な交易ルート上に位置する戦略的要衝という利点を活用し、世界の貿易・物流ハブとなることを目指す。２０１８年7月5日に落成式を執り行ったが、中央テレビ局ＣＣＴＶは、毎日のようにジブチと中国の結びつきの重要性をがなり立てるように報道している。ジブチは「アフリカの角」と呼ばれるように、スエズ運河の南方で紅海の入り口にあり、角のように飛び出している形をした国だ。国際自由貿易区は総面積48平方キロメートルで、アフリカでは最大である。落成式の時点では、まだ２４０万平方メートルしか完成していないが、10年後には完成する計画で工事が着々と進んでいる。

中国にとっては「一帯一路」大経済圏を結ぶ要衝となっており、ジブチには中国人民解放軍の海外軍事基地もある。そこには「五星紅旗」が晴れがましく翻《ひるがえ》っているではないか。

これでも「新植民地主義ではない」と主張する気だろうか。それには無理があろう。トランプの「くそったれ国家」発言で、アフリカ諸国をしっかりと「我が物」にしてしまった習近平は、それを意識してかアフリカ諸国の首脳らの前で、いやに低姿勢を演出している。全人代のときのような傲慢な表情もすっかり影を潜め、終始穏やかな笑みを浮かべるという演技まで絶やさない。

軍事的にも結び付く中国とアフリカ

実は中国は軍事的にもアフリカと結びついている。２０１７年11月11日の環球網は「２０１７年11月6日、アフリカ27カ国の使節団が中国江西省にある航空工業洪都公司を参観に来た。

航空工業洪都公司と江西省国防科技工業弁公室が共同で発表した」と伝えた。

それによれば、11月6日、ザンビア、ナイジェリア、ギニア、カメルーン、タンザニアなど27カ国のアフリカ諸国の駐中国大使館の使節団の一行34人が、航空工業洪都公司を参観して、中国の航空工業の発展と現状を理解し、中国とアフリカの協力体制を強化しようとしたとのこと。洪都には「L-15」教練機という中国最先鋭のジェット練習機があり、最初に「L-15」を購入したのはザンビアだ。２０１４年のことで、６機購入している。

「L-15」1号機は２００６年に初飛行しており、２００８年に3号機が試験飛行してエンジンを量産タイプに切り替えた。２００1年の北京航空展覧会で模型が展示されたが、このたびのアフリカ27カ国使節団が洪都で見学したのは実物である。

２００1年に「L-15」は、「猟鷹」(Lie-Ying) という名称を付けられたが、もともとは「教練」(Jiao-Lian) の発音の頭文字を取って「JL-15」と呼ばれていた。２０１３年に中国人民解放軍空軍が採用することとなったが、エンジンを国産に切り替えることが条件として要求された。

それまで試作品段階でだが、エンジンはスロバキアやロシアあるいはウクライナなどから輸入していた。しかし「中国製造２０２５」は、エンジンを国産化しろと命じている。〔２０２５〕が軍にまで及んでいる何よりの証拠だ。

そして２０１７年のアフリカ諸国使節団の洪都視察は、２０１８年9月の中国アフリカ協力フォーラムの除幕式のような役割を果たし、多くの航空機購入に関する協定が結ばれたと環球時報の電子版「環球網・軍事－航天航空報道」が伝えた。具体的な内容は明かされていない。

２０１８年9月23日に、５日間にわたって南アフリカのプレトリアで開催されていた「第10回アフリカ航空航天・防衛見本市」が閉幕した。世界37カ国、計３００社以上が出展したが、中国からは中国国家国防科技工業局が組織した軍需貿易企業6社が「中国防務」国家展示代表団という形で出展した。軍需産業の有力装備品の海外進出を促進し、多くの来場者を集めたと、９月25日の人民日報が伝えた。

展示会場では実物や動画も含めて、中国のミサイル武器システム、艦艇、軍用機、無人機、レーダーなどの各種製品をＰＲしたとのこと。

中でも「FD-2000 長距離防空ミサイル武器システム、ＭＲＴＶ多用途3胴護衛艦、１５０0トン級近海巡視船、JARI-USV 多用途無人作戦艇、小・中型低・中空多用途ティルトロータードローン、８×８小型全地形車両」などが注目された模様だ。人民日報の報道によれば、南アフリカ海軍の士官は「中国の防衛装備品は特に印象的だった。今回の見本市を契機とし、中国の軍需貿易会社と提携し、南アフリカの防衛水準を高めたい」と話したという。

中国はこのように、あらゆる側面からアフリカ大陸を惹きつけているが、それ以外にも中国には「77カ国グループ＋中国」という巨大な運命共同体があることを見逃してはならない。

「77カ国グループ」というのは、国連において、経済的に立場が似通った開発途上国の発言力強化のために、１９６４年に形成されたグループである。発足当時の参加国数が77カ国であったため、「G77」と名付けられたが、２０１７年1月の中国による統計では１３３カ国に増加している。中国は、「中国はあくまでも発展途上国である」と位置付けて、徹底して「77カ国グループ」を支持するとして、「77カ国グループ＋中国」、実際上は「133カ国グループ＋中国」という運命共同体を形成している。

中国が自らを発展途上国と位置付ける理由には、いくつかある。まず第一はWTOには発展途上国に対して貿易自由化の義務などを緩和・免除する「特別かつ異なる待遇」という恩恵があるからだ。世界第二の経済大国になっておきながら、中国は一人当たりのGDPが低いとして、自国をあくまでも発展途上国だと主張し、保護主義的な通商政策を維持している。社会主義国家と自称する一方では、どの国よりも貧富の格差が激しいのだから自国の貧困層を救えばいいのに、その金を他国に流してチャイナ・マネーで歓心を買っている。狡いのだ。トランプが怒るのも当然で、中国にはトランプを保護主義などと非難する資格はないのである。

第二の目的は、徹底して「中国は発展途上国である」と位置付け、「人類運命共同体」を提唱することによって、「中国が全人類を掌握する日」を習近平は狙っているのである。

それはひとえに、現時点では世界最強の国であるアメリカに追いつき、アメリカを追い越すという習近平の狙いに集約されている。

三、トランプとの戦い、日本への接近

トランプはなぜ変わったのか？

「ブルームバーグが、あなたが講演で『トランプ大統領は中国の習近平国家主席を世界の他のどの首脳よりも尊敬している』と仰ったと書いていますが、それは本当ですか？」

私の質問に、トランプ政権の元主席戦略官だったスティーブ・バノンは即座に答えた。

「ああ、本当だよ。まちがいなくそう言った。トランプは、習近平とプーチンを〝強人〟だと思っている。但し、個人をどう思うかということと、その国をどう思うかは全く別問題だがね！」

２０１７年12月18日のことである。実は２０１７年11月15日、私が座長を務めた国際シンポジウム（主催はワシントンにいる中国民主化運動団体）で、バノン氏が講演をした。その夜、私とバノン氏は会談をすることになっていたが、バノン氏が日本の他のメディアの取材攻撃に遭い、実現できなかった。

そこでバノン氏は私を逆に単独取材するために1カ月後に再来日したのである。

彼は私が書いた『卡子（チャーズ）　中国建国の残火』の英語版〝*Japanese Girl at the Siege of Changchun How I Survived China's Wartime Atrocity*〟と『毛沢東　日本軍と共謀した男』の英文ダイジェスト〝*Mao Zedong, Founding Father of the People's Republic of China, Conspired with the Japanese Army*〟を熟読してくれており、そのことに深い興味を覚えたのだという。

私がバノンに最初に会った数日前まで、トランプは北京にいた。２０１７年11月８日に訪中し、習近平から皇帝のような、かつてない盛大な歓待を受けている。中国ではこれを「国事訪問＋」と表現して、これまで「国事訪問」したどの大統領よりも最高級の「＋」を付けた待遇で臨んだのだ。訪中した大統領一人のために、あれだけ観光客が多い「故宮」を一日借り切ったという接待ぶりは、中国建国以来、初めてといっていいだろう。中国全土は「トランプ歓迎」一色で塗りつぶされ、歓迎晩餐会の会場の壁一面に映し出されたトランプの孫のアラベラちゃんは、一瞬で国民的人気をさらっていったほどだ。さらに習近平は28兆円もの投資協定という、ビッグ・プレゼントを用意して、トランプを喜ばせている。これで米中間の通商問題は解消されたと、習近平は思ったにちがいない。

ところが、帰国して1カ月も経つか経たない内に、トランプの対中政策は一気に強硬化していった。

２０１７年12月19日に発表された国家安全保障戦略と翌２０１８年1月に発表された国家防衛戦略の文書は、中国をロシアとともに「戦略的競合相手」と位置付け、特に中国の覇権を警戒する内容が盛り込まれている。

何が起きたというのだろうか——。

このころ、複数の事態が同時進行していた。

その一つは、２００８年にはアジア安全保障などに関する研究を行うProject 2049 Institute（プロジェクト２０４９研究所）という共和党系のシンクタンクを創設したランドール・シュライバー氏（愛称：ランディ）が２０１７年10月28日に、米国防総省アジア担当に任命されたことだ（2018年1月米議会承認）。彼は共和党のブッシュ政権時代に東アジア太平洋担当の次官補代理を務めた経験がある。非常に厳しい対中強硬派で大の台湾びいきでもある。

実は2016年9月20日、私はランディに招聘されて、ワシントンD.C.のNational Press Clubで、『毛沢東　日本軍と共謀した男』に関する講演をした。彼は実に深く中国共産党の実態を熟知しており、Project 2049は「中国共産党こそが歴史の改ざんを行っている」という視点を軸に、中国の軍事、領土問題等における覇権主義に対して厳しい強硬策を主張してきた。「国家防衛戦略」などにおける対中強硬的な視点と、最近のトランプ政権の台湾へのエールは、おそらくランディが深い洞察によるアドバイスをトランプに与えたのではないかと推測される。彼なら習近平政権における「中国製造2025」と、そこに潜んでいる「宇宙開発」が持つ意味を鋭く見抜いているだろう。

バノンの「但し、個人をどう思うかということと、その国をどう思うかは全く別問題だがね！」という言葉は当たっていた。

トランプは2018年9月25日、国連総会における一般討論演説で中国との間の貿易問題に関して「習近平国家主席には大いなる尊敬と好意を抱いているが、貿易の不均衡は受け入れられない。米国は国益に基づいて行動する」と述べた。もっとも、翌26日の国連安保理会議で「中国はアメリカの中間選挙に干渉しようとしている」と非難し、その後の記者会見で習近平に関して「もう、友達ではないかもしれない」とまで言っている。

政権を立ち上げるときに、外交問題に疎《うと》いトランプは、あの大の親中派であるキッシンジャー元国務長官に相談し、政権内はかなり親中寄りになっていて、駐米の中国大使はトランプの娘イヴァンカ夫妻（夫：クシュナー）を親中の方向に誘導していた。

しかしトランプは徐々にキッシンジャーの影響から脱していったのだろう。その後、つぎつぎと閣僚を入れ替えて、今では対中強硬派で固めているように見える。

もっともトランプにはビジネスマンとしてのディールのために「礼賛と非難」を繰り返す傾向がある。現在この原稿を執筆している最中にも、習近平と電話会談し「良い感触だ」と言ったりしている。従って習近平に対する感情的側面を見て一喜一憂するのは適切でなく、あくまでも政策においてどのように出ているかを見なければならない。

トランプは、中国が「中国製造２０２５」を完遂し、アメリカを凌駕して世界一になることだけは絶対に許さないという点においては揺るがないと考えるべきだ。

トランプが警戒する中国の「宇宙強国」戦略

トランプが中国に仕掛ける貿易戦争の動機には、貿易不均衡という直接的な理由以外に、人民元に対する金融問題などいろいろあるだろうが、根底には「中国製造２０２５」に対するハイテク戦争があり、中でも中国の「宇宙強国」に対して最大の警戒感を抱いていると判断される。半導体と宇宙開発において中国に追い越されたら、アメリカは世界のリーダーの位置から必ず転落し、その座を中国に譲らなければならなくなる。

習近平は２０１６年12月20日、中央軍事委員会主席として、「天宮2号」と「神舟11号」による有人宇宙飛行任務に参加した宇宙飛行士と開発に参加した関係者たちと人民大会堂で会見した。鳴り止まぬ拍手の中、習近平のあとに李克強、張高麗《ちょうこうらい》、王岐山ら、習近平政権第1期のチャイナ・セブンが続き、最前列に並ぶ参列者一人一人と握手する姿が中央テレビ局ＣＣＴＶに大きく映し出された。このときのスピーチで習近平は「科学技術の最高峰を果敢に目指し、宇宙強国と科学技術強国の建設に向けて努力するように期待する！」と述べている。

その後、２０１７年６月22日には山西省にある解放軍基地の50周年記念大会を視察したときにも「宇宙強国を建設して、第19回党大会を勝利に導こう」と、「宇宙強国」という言葉を使って祝辞を述べている。

そういった助走の中で、２０１７年10月18日から始まった第19回党大会の開幕式における３時間以上にわたるスピーチの中で、習近平は正式に「宇宙強国建設の戦略的目標」を明らかにしたのである。

２００８年にProject 2049を立ち上げてアジア、特に中国関係の安全保障問題を研究してきたランディ等にとって、２００７年1月に中国が古くなって既に運用を停止していた自国の人工衛星の一つで気象衛星である風雲1号Ｃを破壊した事実は驚愕だったにちがいない。人工衛星を破壊するためのミサイルは四川省にある西昌衛星発射センターから発射された。気象衛星は粉々に砕け、無数のかけら（デブリ）となって宇宙に散在している。

中国はその後、何度か同様の、使用期限が切れた人工衛星を破壊するための実験を行っているため、トランプ政権としては、いつ中国がアメリカの人工衛星を破壊するか分からないと警戒しているだろう。

万一にも人工衛星が破壊された場合、その国あるいはその国がカバーする領域の日常生活は完全にストップする。インターネットだろうとテレビだろうと携帯電話だろうと何も使えなくなり、発電所や飛行場も銀行のATM機能もすべて完全に停止し、電車も地下鉄も使えず、都市機能がすべて麻痺して「死の街」と化すことは明らかだ。

今は原爆投下とか陸地へのミサイル発射とかといった、目に見える戦争が起きる時代ではない。起きるとすれば人工衛星破壊やサイバー攻撃など、目には見えない宇宙空間で、気が付いたらやられている、という種類の「宇宙戦争」の可能性が高い。それは一瞬で終わり、一瞬で勝負がつく。しかも「目に見えたとき」にはすでに勝負がつき、もう終わっている。

だからトランプは、「宇宙軍」の創設を提唱しているのだ。これは途方もないことを考えているのではなく、中国のことを実によく分かっているが故の発想だと考えなければならない。

2017年末に複数の事態が同時進行していると書いたが、もう一つは2017年12月11日にトランプが発令した「宇宙政策大統領令」だ。これはペンス副大統領を議長として「国家宇宙会議」を復活させ、ホワイトハウス主導で宇宙政策を進めることを目的としたものだ。

この「国家宇宙会議」は1989年4月、G・ブッシュ大統領の行政命令により設置されたもので、アメリカの宇宙政策と戦略に関して、大統領の補佐および助言をする会議である。米副大統領が議長となる決まりになっている。同時に宇宙事務局を置き、会議の議長が事務局長となることになっているので、ペンスが事務局長を兼ねている。

２０１７年10月５日に開催された国家宇宙会議では、ペンスは「アメリカが再び宇宙分野でリーダーシップを取ることを全世界に宣言する」と言っている。これは明らかに、「このままでは中国がリーダーシップを取ってしまい、アメリカがトップリーダーの地位から転落する」という危機感の表れだと言っていいだろう。

中国の軍備全般から言えば、今はまだアメリカには遥かに及ばないものの、宇宙空間と通信手段に関してはアメリカとほぼ互角のところまで達している。特に量子暗号を搭載した人工衛星の打ち上げに成功するなど、「情報通信」に関しては、中国はいま世界の最先端をいっていると言っても過言ではないだろう。

前に述べたように、毛沢東の「両弾一星」戦略を習近平が継承していることもあるが、もう一つ見落としてはならない視点に中共中央宣伝部が管轄しているプロパガンダ（思想宣伝）という要素がある。

毛沢東が蔣介石・国民党軍との間の戦いで勝利できたのは、このプロパガンダに力を注いだからだ。国民党軍に追われ、１９３４年から36年にかけて、それまでの根拠地だった江西省瑞金《ずいきん》を放棄して延安までの１万２５００㎞を徒歩で逃れた、あの「長征《ちょうせい》」において、重い印刷機を担いでいったのは、このプロパガンダのためだった。チラシを配っていた時代から今日の量子暗号という通信手段に至るまで、中国共産党にとって「情報通信」というのは、陸海空軍よりも強い「武器」なのである。

中国は早くから海外からの自由や民主といった、中国共産党にとっての「有害情報」をインターネット上で遮断するためのGreat Fire Wall（万里の防火壁）を築き、ネット言論を検閲するためにも高度な情報通信技術を磨いてきた。

２０１８年9月26日の国連安保理会議で、トランプは「中国はアメリカの中間選挙に干渉しようとしている」と批判したが、その真偽は別として、少なくとも中国がさまざまな形のサイバー攻撃力のレベルを高めてきたことだけは確かだ。

アメリカの人工衛星破壊も、２００７年のときのような地上からのミサイル発射という目に見える形でなく、やがて完成する中国の宇宙ステーション「天宮」からのサイバー・レーザー攻撃だってあり得るし、空中配備型のミサイルもあるだろうし、はたまたアメリカの人工衛星近くで爆発するキラー人工衛星を周らせておくこともできる。手段は高度化していくだろう。陸上での生活がハイテク化していればいるほど、当該国への破壊力は大きい。

また２０１８年8月31日には、人民網が「中国航天（宇宙）科技集団有限公司が中国の宇宙事業における今後のスケジュールを発表した」と伝えた。それによれば、今後3年間にわたって有人宇宙ステーションの建設や「嫦娥《こうが》4号・5号」による月探査事業、初の火星探査事業、「北斗3号」全地球衛星測位システムおよび広領域のさまざまな通信衛星システムを構築するとのこと。

「中国航天科技集団有限公司」は「中国航天科工集団公司」とともに、中国の二大巨頭を成す宇宙開発に関する巨大な国有企業だ。両方とも１９５６年に設置された国務院の中央行政省庁の一つである国防部の第5研究院から派生したものである。多くの変遷を経て、１９９９年7

月1日に新しく設立された。7月1日が中国共産党の建党記念日であることを考えると、すべてが「中国共産党の下」で行われていることがお分かりいただけるだろう。

「中国の宇宙開発の背後には軍がある」といった類の表現が散見されるが、「軍は党の軍」であり、中国は中国共産党のものである。軍は中国共産党に所属しているのであって、国家に所属していない。だから「背後に軍がある」と言うことによって、何かすごいことを言ったような感覚自体が、あまり適切だとは思えない。中国政府、国務院も、中国共産党の指導の下で運営しているのであって、中共中央が決めたことを「執行するための事務組織」に等しい存在だ。

２０１８年9月26日、北京市で有人宇宙事業応用成果状況発表会が開かれ、宇宙実験室「天宮2号」運営管理委員会は、中国の宇宙ステーション「天宮2号」を２０１９年7月までに軌道上で飛行させ、その後軌道から離脱させることを決定したと発表した。中国の科技日報が伝えた。つまり中国の宇宙ステーションの実現を少しだけ早めたわけだ。

そうさせてはならじと、トランプは高関税で中国を締め上げているが、習近平は一歩も譲らない。こういうときのためにこそ貿易相手国として「一帯一路」があり、「ＢＲＩＣＳ＋」があり、「中国アフリカ運命共同体」があり、そしてあくまでも自らを開発途上国であると位置づける中国と「77カ国グループ」との共同体が待ち構えている。貿易相手国からアメリカが外れても、「中国製造２０２５」さえ達成できれば、習近平は怖くないのだ。

そして忘れてならない。何よりも日本があるではないか――。

日本に近づく習近平の魂胆――それに呼応している日本！

このようなときに「日本」を手玉に取ってみせるのが中国だ。

輸出に関しては既に備えていた貿易相手国に輸出すればいいだろうが、ハイテク製品のキー・パーツを構成する半導体となると、多くをアメリカから輸入してきたので苦しい。２０２５年までにはキー・パーツ半導体の70％を中国国産にして自給自足する目標は達成できる可能性が高いが、今年は２０１８年。まだ７年間もある。その間にハイレベルで重要な半導体が中国国内にないとなると、中国は干上がってしまう。アメリカに全面降伏するしかない。

そこで、どうしても欲しいのが日本の半導体だ。

だから習近平は安倍晋三首相からのひれ伏さんばかりの懇願に応じて、ようやく日中首脳シャトル外交を展開することとなった。安倍首相は２０１８年10月25日に初めて「公式の国事訪問」という形で訪中した。何かの他のサミットなどにおける「ついで」ではない。待たせれば待たせるほど、相手は「会ってくれる」ことをありがたがる。と、習近平はわかっているので、６年間も公式の首脳会談に応じなかった。相手を焦《じ》らせてから会えば、相手は中国の要求する条件を呑《の》む。中国はこういう戦略はお手の物だ。

案の定、習近平は自民党や公明党の幹部との交渉の中で、安倍首相の公式訪中を承諾するに当たって条件を付けた。それは日本が「一帯一路」に協力することである。だから10月26日の習近平との首脳会談で安倍首相は「一帯一路」に関して「協力を強化する」という言葉を使って協力を表明した。安倍首相のこの言葉を中国のすべての政府系メディアが報道した。しかも日本の財界トップ約５００人を引き連れての訪中。米中貿易摩擦に悩んでいる中国にとっては、まさに笑いが止まらないのである。

中国は米中関係が悪くなると、必ず日本に近づいてくる。アメリカを不安にさせるための常套《じょうとう》手段として、いつも「日本というカード」を使う。

かつて１９８９年６月４日に起きた天安門事件で、アメリカを中心とした西側諸国の経済封鎖を中国が受けたとき、最初に経済封鎖を解除したのは日本だった。

経済封鎖を受けた鄧小平は直ちに部下を使って、日本の政財界に働きかけて日中友好の重要性を説き、微笑みかけてきた。すると、同年7月に開催された先進国首脳会議（アルシュ・サミット）で日本の当時の宇野首相は「中国を孤立させるべきではない」と主張し、１９９１年には海部首相のときに円借款を再開し、西側諸国から背信行為として非難された。

さらに１９９２年４月、中共中央総書記になっていた江沢民は日中国交正常化20周年記念を口実に訪日し、病気療養中だった田中元首相を見舞って、天皇訪中を持ちかけている。このころ江沢民は、「天皇訪中が実現すれば、中国は二度と歴史問題を提起しない」とさえ言っている。

中国は「日本を陥落させて天皇訪中さえ実現させれば、他の西側諸国、特にアメリカの対中経済封鎖網は崩壊する」という戦略で動いていた。その戦略はみごとに当たり、同年10月に天皇訪中が実現すると、アメリカも直ちに対中経済封鎖を解除して、西側諸国はわれ先にと中国への投資を競うようになるのである。

事実、当時の中国の銭其琛《せんきしん》外交部長は回顧録で、天皇訪中を「対中制裁を打破する上で積極的な作用を発揮した」と振り返っているし、また「日本は最も結束が弱く、天皇訪中は西側諸国の対中制裁の突破口となった」とも言っている。

こうして、天皇訪中のときには、アメリカに次ぐ世界2位のGDPを誇っていた日本は、2010年には中国に追い越され、今では中国の3分の1という体《てい》たらくだ。

中国を第二の経済大国にのし上がらせたのは、ほかならぬ日本である。

そうしておきながら、経済封鎖が解除されると同時に、江沢民は愛国主義教育の名の下に強烈な反日教育を始めた。日本は「歴史問題」の地雷を踏んではならないと、ひたすら中国に平身低頭なのである。中国を第二の経済大国に押し上げることに貢献したのが日本だとすれば、世界第一の経済大国、そしてアメリカを凌ぐ宇宙大国に中国を持っていくことに貢献しているのも日本だ。

一方、2018年10月4日、アメリカのペンス副大統領はハドソン研究所で、実に厳しい中国批判を中心として講演を行った。その中で彼は「中国の経済的成功の大部分は、アメリカの中国への投資によってもたらされた。われわれは過去25年間にわたって、中国を再建したのである」と語っている。私はこの「過去25年間」という言葉に注目した。2018年の25年前というのは、1993年である。天皇陛下訪中は1992年10月23日~28日。その2カ月後の1993年から、アメリカは対中投資を始めたということになる。銭其琛の回想録と一致するではないか。つまり日本がきっかけを作って、欧米諸国が中国になだれ込んだのである。

そして今ペンスはそのことを後悔し、中国に対する怒りを露わにした。

習近平としては、アメリカとこのような関係になった以上は、日本を陥落させるしかない。それが一番手っ取り早い。日米離間にもつながるし、何より中国の国益に適《かな》う。百戦錬磨の中国を治める者が知り尽くした手段だ。

一帯一路構想に関して最近ではヨーロッパ諸国からの信用を失いつつあるので、信用の高い日本が協力姿勢を示してくれれば習近平にとっては笑いが止まらないのも無理はない。たとえ第三国でのインフラ協力であっても、そして「一帯一路」という言葉を使わなくても、それが「日本の中国に対する一帯一路協力である」ことが分からない国はないからだ。

安倍首相は盛んに「国際スタンダード」に基づく協力しかしないと言っているが、あの中国に「国際スタンダード」などが、通用するだろうか？

２０１８年11月17日、18日にパプアニューギニアのポートモレスビーで開催されたＡＰＥＣ（アジア太平洋経済協力会議）首脳会議における首脳宣言をめぐる騒動を考えてもすぐに分かることだ。米中の板挟みになった議長国では首脳宣言の取りまとめに苦慮していた。すると中国代表団メンバーがパプアニューギニアのパト外相の執務室に乱入しようとしたのだ。首脳宣言を中国に有利なように持っていくよう強制しようとしたという。

習近平はＡＰＥＣを中国に有利に運ぼうと、開催２日前からパプア入りして、周辺の南太平洋８カ国の首脳とも会談してチャイナ・マネーをばらまいた。またバス80台を用意してあげたり、地元に小学校を建設したりなどしてサービスに務めたのだから、当然の権利があるという論理だ。しかしパト外相は毅然として乱入を阻止し、警官に警護を依頼している。マレーシアのマハティール首相にしても、わざわざ北京を訪問して「一帯一路」協力を断っているのだ。日本もそれくらいの毅然さを持ってほしい。

２０１６年7月12日、国連海洋法条約に基づくオランダ・ハーグの仲裁裁判所は南シナ海での中国の海洋進出をめぐり、中国が主権を主張する境界線「九段線」に国際法上の根拠がないと認定した。しかし中国はこの判決を「紙屑」として無視したまま、ウヤムヤのうちに「なかった物」としてしまったことを、忘れたのではあるまい。

このような「民度」の低い国に「国際スタンダード」などが通じるとでも思っているのだろうか？　そもそも、安倍政権の行動は、トランプ政権への背信行為に当たるのか否か、最後に複雑に絡み合う米中の関係を見てみよう。

ウォール街と結びつく習近平――米中対立は「新冷戦」ではない

２０１８年11月８日、キッシンジャーが北京で習近平と会談した。この会談の背後にはアメリカ大手の通信社「ブルームバーグ」の創設者であるマイケル・ブルームバーグ氏がいた。かつてニューヨーク市長なども務めたことがあるブルームバーグは２０１８年10月10日に２０２０年の米大統領選に出馬するため民主党に登録している。彼は「ブルームバーグ　新経済フォーラム」を２０１８年11月６～７日にシンガポールで開催し、メイン・スピーカーに王岐山国家副主席を選び、フォーラムにはキッシンジャーやポールソン元米財務長官やゴールドマン・

サックスのCSO（最高戦略責任者）であるコーン氏などを招待している。アメリカの金融界はグローバリズムを提唱し、「反グローバル」を掲げるトランプとは対立している。

コーンは2017年1月にトランプ政権の国家経済会議委員長に就任したが、トランプ政権が中国に高関税を課すことなどに反発して2018年4月に自ら辞職した。

実は「反トランプ陣営」は、対中強硬派でもある民主党議員ばかりではない。「反トランプ」であると同時に「激しい親中派」が米大財閥には大勢いて、習近平を取り巻いている。それが本書の表5（177〜179ページ）に列挙した米財界人の一群だ。

ウォール街はグローバルな流れの中でないと儲けられない。中国には国内消費者だけでもそれなりの市場があるが、それでも習近平が狙うのは世界制覇だ。グローバルでなければならない。その意味でウォール街と習近平が結びつくという、実に奇妙な構図があり、米中対立はイデオロギー的な「新冷戦」構造ではない。敢えて名前をつけるなら、むしろ「米中熱戦」と言うべきか。

中国には一党支配体制であるということ以外には、もはや社会主義的要素は残っておらず、独裁資本主義を断行しているに過ぎない。一党支配であるが故に、習近平の意思一つで特定の企業に巨額の投資をすることによって市場の健全な競争を歪めている。もちろん中国には言論の自由もない。そのような中国が〔2025〕を通して世界を制覇してしまっていいのか。トランプの闘いがハイテク戦争だけに留まっていないことも、一方では事実だ。この構図の中で日本はいかに行動すべきか、注目していきたい。

あとがき――「一帯一路一空一天」

中国ではすでに、「一帯一路」ではなく、空でつながる「一帯一路一空」の概念まで至っているが、もし一帯一路を通して宇宙（＝天）をも支配することになれば、これは「一帯一路一空一天」ということさえできる。

「一帯一路一空一天」は「控え目な表現しかしない」と自認する中国政府側ではまだ用いていないが、私は中国の戦略を「一帯一路一空一天」と称したい。

新華網によれば、2014年4月14日、習近平《しゅうきんぺい》は中央軍事委員会主席として空軍機関へ行き、空軍建設と軍事闘争の準備状況に関する視察を行った。そこで以下のように強調した。

――天空を一体化する軍隊を立ち上げ、攻撃と防御を兼ね備えた強大な人民空軍を建設していくことを加速させねばならない。そうしてこそ、〝中国の夢〟と〝強軍の夢〟を実現させるために堅固な力を掌握することができるのだ。

ここにある「人民空軍」とは「中国人民解放軍・空軍」の意味で、「中国人民解放軍」のことを「人民」二文字で表し、「人民陸軍」とか「人民海軍」という表現を取ることが多い。

習近平は続けた。

——空軍は戦略的な軍種で、国家安全と軍事戦略の全局面において最も迅速に反応するという役割を担っている。空軍は空と宇宙を迫撃する際の勇士である。実戦に備えて日々訓練を怠ってはならない。そして改革創新を強化しなければならない。

この天空を一体化する軍隊を立ち上げと空軍は空と宇宙を迫撃する際の勇士であるとを足し合わせれば、すなわち、

宇宙軍を創設せよ

と指示したに等しい。そして、その「宇宙軍創設」に等しい改革は、2015年12月31日の軍事大改革において具現化された。

中国の軍隊は建国以来、陸軍(陸上部隊)を中心としており、陸軍だけ特別扱いで総参謀部の管轄下にあった。もちろんその上には中央軍事委員会があるのだが、中央軍事委員会の指令はすべて、この総参謀部を通さなければならなかった。つまり、中央軍事委員会主席の指令が間接的にしか伝わらない。この構造を変えなければならないことは早くから分かっていた。1949年に台湾まで解放することができなかったのは、陸軍以外の海軍・空軍が弱かったから

である。その後強化されはしたものの、指令系統などにおいて構造は変わっていない。

そこで軍事大改革においては、総参謀部と横並びにあった総政治部、総後勤部および総整備部を撤廃して、すべての軍種を中央軍事委員会の直轄とし、おまけに、それまでどの軍種にも所属せず、「部隊」のランクでしかなかった「第二砲兵部隊」（中国戦略ミサイル部隊）を「ロケット軍」として、陸軍・海軍・空軍と同等の部隊に引き上げたのである。

第二砲兵部隊は1966年に誕生している。なぜなら第三章でも少し触れたように、1960年に中国初のミサイル「東風1号」打ち上げに成功→1964年に初めての核実験と東風2号ミサイル発射実験に成功→1965年に東風2号A（2号の射程を延ばしたもの）打ち上げに成功→1966年に原爆を搭載した東風2号Aを発射し核ミサイルを保有という流れがあり、1966年にミサイル発射に携わる者たち（陸軍の特殊訓練部隊など）を「第2砲兵部隊」と位置付けたのである。

それを独立させ、陸海空軍と同等にして「ロケット軍」を新設した2015年12月31日の軍事大改革の意義は大きい。なぜなら、これは

宇宙を軍事対象としたこと

を意味するからだ。これは宇宙の軍事化を禁止した「宇宙条約」に反する。

軍事大改革のもう一つの特徴は、「戦略支援部隊」を新設したことだ。「戦略支援部隊」は宇宙

「陸・海・空・ロケット」軍すべてを支援する部隊で、「航天系統（宇宙システム）部（分隊）」（航天工程大学を管轄）や「サイバー空間情報（実際は諜報）部（分隊）」（信息工程大学を管轄）などに分かれている。前者は軍事衛星の運用や宇宙監視を行い、後者は敵情偵察などのサイバー空間を担う。明確にはしていないものの、サイバー攻撃も担うものと考えていいだろう。

この戦略支援部隊以外にも、軍事大改革により「中国人民解放軍総装備部」から改名された「中央軍事委員会装備発展部」も要注意だ。ここは中央行政省庁の一つである「工業と情報化部」（中国語では「工業和信息化部」。略称：工信部）の管轄下にある国防科技工業局と深い関係を持っており、軍事産業の研究開発と製造という重要任務を帯びている。

国防科技工業局は「中国国家航天局（宇宙局）」の名において、全中国の宇宙開発関係を管轄する。国防科技工業局には「探月与航天工程中心」（月探査と宇宙工程センター）もあり、「月」に関してもこの局が司令塔になっている。大学や研究所などにおける航空宇宙関係の研究開発も、同局が管轄するので、カバーする範囲が広い。

宇宙開発関係の製品を主として製造するのは国務院国有資産監督管理委員会が管轄する「中国航天科工集団公司」や「中国航天科技集団公司」などの大手国有企業だが、これらの企業も国防科技工業局と関連しており、「中央軍事委員会装備発展部」と研究開発や製品を共有する。

なお、同年9月3日の抗日戦争勝利70周年記念式典で、習近平は中国人民解放軍を30万人削減すると発表したが、削減の対象のほとんどは陸軍（特に旧式の歩兵部隊）あるいは非戦闘部隊で、当然のことながら空軍とロケット軍を強化することが最優先された。だから軍事委員会副主席も、空軍出身の許其亮《きよきりよう》（上将）を継続させている。それを権力闘争として分析する中国研究者やジャーナリストがいるが、そういうことをしていると、習近平の真の狙いが何も見えなくなってしまうので、日本人は視点が曇らないように注意しなければならない。

一方、２０１８年9月13日、北京で「空中シルクロード国際航空協力サミット」が開催されたと、新華社電（北京）が伝えた。それによれば、主宰したのは中国航空工業集団有限公司で、一帯一路沿線国の航空関係者代表が参加し、空中シルクロード聯盟を結成することが提唱された。サミットに参加した国務院国有資産監督管理委員会・国際合作局の張発衛《ちようはつえい》副局長は以下のように述べている。

――「空中シルクロード」は「一帯一路」建設の次元を2次元から3次元に高めていくもので、陸や海洋の間の重要拠点をつないでいくだけでなく、空をもつなぐわけです。中国航空工業集団が提唱する「空中シルクロード」は、「一帯一路」沿線国家のうち、発展途上国にある国々の航空産業発展を強化し、航空事業の突破口としていただくために提案された方策です。製造、建設、運営、融資などの機能を一体化し、産業連盟を結成して、「一帯一路」沿線国家の航空プラットフォームに中国方案を利用していただこうと考えております。

つまり、「一帯一路」は「陸と海のシルクロード」から「陸と海と空のシルクロード」へと発展していくことになる。ここに、２０１４年の習近平の「天空一体化」を加えれば、まさに

一帯一路一空一天

となるではないか。習近平は、人類が認識できるすべての存在を自らの支配下に置こうとしていることが透けて見える。宇宙支配だけではないのだ。「陸と海と空と宇宙」すべてを中国の支配下に置こうとしているのである。

そこまでやる目的は何なのだろうか？

それこそが一党支配体制の維持であり、人民の統治だ。

習近平にとって最大の「敵」は人民である。最も恐れているのも、実は「人民」なのだ。だから監視体制を徹底させ、暴動が起きる前にすべて抑え込む。

習近平にとっての最大の課題は「一党支配体制の維持」であり、そのために〔２０２５〕を通して「中華民族の偉大なる復興」である「中国の夢」を実現することである。その目的を果たすために憲法を改正してまで国家主席の任期を撤廃したのであって、権力闘争のためではない。権力なら、本来、何もしないのが一番敵がいなくて、彼には如何なる脅威もなかった。そもそも中国は民主主義の国家ではない。ひとたび国家主席になれば、憲法改正以前においても10年間は絶対に身分が保証されている。

胡錦濤《こきんとう》は２０１２年の第18回党大会の時に中央軍事委員会主席の座もすべて習近平に譲って、その代わりに一つだけ条件があるとして「腐敗撲滅運動を徹底させてくれ。そうでないと党が滅び、国が滅ぶ」と頼んだのである。だから習近平は約束を実行しただけであって、「習近平は腐敗撲滅を口実として政敵を倒している」という分析はまちがっている。それを日本人の頭の中に刷り込んで、中国の真相を見えなくさせてしまっているのは、実に罪作りなことだ。中国には古くから「賄賂《わいろ》文化」が浸透しており、そこに一党支配体制が加わったのだから、どれだけ腐敗が深く広く蔓延《まんえん》しているかという事実を日本人は認識していない。

習近平はそんな日本人を「しめた！」と思って喜んでいるだろう。なんと言っても、彼らは「本当の目的は控え目にしか言わない」伝統を持っているのだから。日本のメディアは、まるで習近平のために「煙幕」を張ってあげているようなものだ。日本の国益など考えていない。

だからトランプは気づいても日本が気づかないことは多々ある。

一帯一路一空一天のほかに、習近平が狙っているのは「人の心」なのである。

米連邦捜査局ＦＢＩは２０１８年２月、孔子学院をスパイ活動やプロパガンダ活動などの容疑で捜査すると発表した。中国が全世界に設立し、今も日々増え続けている文化交流機関「孔子学院」が他の国の国民の「心情」を中国化させていくための洗脳集団でありスパイ機関であるとして捜査を開始しているが、日本は今もなお日中友好を優先して歓迎し、増やし続けている。

習近平が密かに動かしている「チャイナ・イニシアティブ」にしてもそうだ。これは「北京が発信し、主導する」という意味で、全世界の有力な政権与党の幹部を一堂に集めて「おだてて喜ばせ」、「心」を親中にさせる手法だ。日本の自民党や公明党幹部も喜々として参加し、とても「親中的」なのである。

これが日本だ。日本が知らない間に中国化され、気が付けば「陸も海も空も宇宙も」そしていよいよ「心」まで、中国のものになっていたという日がやってくる。それに警鐘を鳴らしているトランプは大した人物だと思う。ツイッター政治で、いろいろスキャンダルもあるだろうが、少なくとも習近平の野望をあばいて見せた点では評価できる。

ところで、少々興味深いのはトランプ大統領とペンス副大統領との関係である。トランプは習近平個人を高く評価しており、「友だちでなくなるかもしれない」などと言いながらも、結局はまた米中首脳会談を行う可能性がある。だから、時事的な事象は追わない。ただ本質的に「トランプ&ペンス」は、それぞれ役割分担を決めて、一つの演技を演じているのではないかと、ふと思うのである。そこだけを最後に押さえておきたい。

ペンスは先述したハドソン研究所における講演で、中国がこの「人の心」まで操ろうとしていることにも触れ、「中国共産党は、アメリカの企業、映画界、大学、シンクタンク、研究者、ジャーナリスト、地方、州、連邦当局者に見返りの報酬を与え、精神的に支配している」と激しく中国を非難している。「われわれは中国が、アメリカの知的財産の窃盗を完全に終わらせるまで、中国政府に対して行動を続ける」とまで言っている。

その一方でトランプは習近平を「強人」として尊敬していると言ったり、最近でも習近平に電話をして「なかなかいい感触だった」と上機嫌だったりもする。北朝鮮の金正恩に対してさえ、信頼しているような発言を繰り返し、自分の成果を誇るためではあろうが、米朝首脳会談は実に有意義で歴史的価値があったと評価している。これに関してもペンスは、北朝鮮が完全に非核化を実行するまでは制裁の手を緩めてはならないと厳しい。パプアニューギニアにおけるＡＰＥＣ首脳会議に先立つ演説でも「アメリカは帯で締め付けたりしない」と「一帯一路」を当てこすった。

この二人の言動を見ていると、私は拙著『チャイナ・ナイン　中国を動かす９人の男たち』で、当時の国務院総理、温家宝《おんかほう》に対して使った言葉**「白鳥の歌」**を連想してしまうのである。温家宝は対外的メッセージでは何食わぬ顔で「中国は政治体制改革を行わなければならない」と、中共中央として言ってはならない言葉を表明していた。胡錦濤はそれを知っているはずなのに、あたかも聞こえていないかのような振りをして、温家宝の言葉を無視した。当時のチャイナ・ナインの誰もが批判しなかったということは、胡錦濤の党内序列ナンバー1としての意思でもあったのだろうと解釈するしかない。胡錦濤は『民主とは良いものだ』の著者で北京大学の俞可平教授を重用し、中国共産党流の「民主」という言葉だけは頻繁に使ったことで有名だ。だから温家宝の発言を聞いて聞かぬ振りをしたのだろう。

この「胡錦濤&温家宝」の関係から、私は温家宝の外交メッセージを「白鳥の歌」と命名したのだが、「トランプ&ペンス」のペアを見ていると、私はどうしてもこの「白鳥の歌」を思い出すのである。

そこで、このアナロジーから、私はペンスのメッセージを**「黒鳥の歌」**と呼びたい。

ペンスに中国を思いきり罵倒する「黒鳥の歌」を歌わせながら、トランプは習近平と握手をし、しかし〔２０２５〕だけは絶対に阻止する。特にここに書いた「一帯一路一空一天」などという、まさに宇宙を含めた「天下」を中国に取らせるようなことだけは絶対に食い止める。トランプは、その堅い決断の下で外交を展開していくのではないだろうか。これはアメリカだけでなく、日本の安全保障をも脅かす重大な分岐点だ。

その意味で、本書が少しでも習近平の真の狙いと米中対立の根幹を認識し、日本が今どこにいるのかを洞察するのに貢献することができれば、望外の幸せである。

なお、ＰＨＰエディターズ・グループ書籍編集部の鈴木隆氏は何年も前から書籍執筆の依頼をしてくださりながら、これまでお待ちくださったことに深く感動するとともに、心から感謝している。その期待に応え得るだけの内容になっていることを祈るばかりだ。

２０１８年11月　　遠藤　誉

〈著者略歴〉

遠藤誉（えんどう・ほまれ）

1941（昭和16）年中国吉林省長春市生まれ。国共内戦を決した「長春包囲戦」を経験し、1953年に帰国。東京福祉大学国際交流センター長、筑波大学名誉教授、理学博士。中国社会科学院社会学研究所客員研究員・教授などを歴任。

著書に、『ネット大国中国　言論をめぐる攻防』（岩波新書）、『チャイナ・ナイン　中国を動かす９人の男たち』『チャイナ・セブン　〈紅い皇帝〉習近平』『チャイナ・ジャッジ　毛沢東になれなかった男』『卡子（チャーズ）中国建国の残火』（以上、朝日新聞出版）、『毛沢東　日本軍と共謀した男』（新潮新書）、『習近平 vs. トランプ　世界を制するのは誰か』（飛鳥新社）など多数。

「中国製造2025」の衝撃

習近平はいま何を目論んでいるのか

2019年１月11日　第１版第１刷発行

著者　遠藤　誉

発行者　清水卓智

発行所　株式会社ＰＨＰエディターズ・グループ

〒135-0061　江東区豊洲5-6-52

☎03-6204-2931

http://www.peg.co.jp/

発売元　株式会社ＰＨＰ研究所

東京本部　〒135-8137　江東区豊洲5-6-52

普及部　☎03-3520-9630

京都本部　〒601-8411　京都市南区西九条北ノ内町11

PHP INTERFACE　https://www.php.co.jp/

印刷所
製本所　凸版印刷株式会社

ISBN978-4-569-84217-2